2016年度佛山市原创文艺扶持作品

石湾陶艺家丛书

庄稼评传

盛慧　庄阳　著

文化艺术出版社
Culture and Art Publishing House

图书在版编目（CIP）数据

庄稼评传 / 盛慧，庄阳著. — 北京：文化艺术出版社，2017.5

ISBN 978-7-5039-6322-3

Ⅰ. ①庄… Ⅱ. ①盛… ②庄… Ⅲ. ①庄稼评—传记
Ⅳ. ① K825.7

中国版本图书馆 CIP 数据核字（2017）第 100831 号

庄稼评传

编　　著　盛　慧　庄　阳
责任编辑　叶茹飞
书籍设计　马夕雯
出版发行　文化艺术出版社
地　　址　北京市东城区东四八条52号（100700）
网　　址　www.whyscbs.com
电子邮箱　whysbooks@263.net
电　　话　（010）84057666　84057660（总编室）
　　　　　（010）84057696　84057698（发行部）
经　　销　新华书店
印　　刷　北京荣宝燕泰印务有限公司
版　　次　2017年7月第1版
印　　次　2017年7月第1次印刷
开　　本　787毫米×1092毫米　1/16
印　　张　10
字　　数　70千字
书　　号　ISBN 978-7-5039-6322-3
定　　价　88.00 元

庄稼（1931—2006）

目录

前　言

人间的时光，如同白驹过隙，转眼间，陶艺大师庄稼先生离开这个世界已足足十年了。

作为石湾陶塑的泰斗级人物，庄稼是刘传之后最有影响力的陶艺家，他对石湾陶塑的发展与石湾陶塑文化的传播，有着不可磨灭的功勋，可以说，他是大师中的大师，是具有里程碑意义的人物。

庄稼大师研思致妙，巧拟造化，他将精细做到了极致，对偏重写意的传统石湾陶塑，进行了工写结合的改造，达到了形神兼肖的境界。庄稼大师将一生贡献给了陶艺事业，曾荣获中国工艺美术学会多项大奖、中国民间艺术委员会颁发的最高奖项“突出贡献奖”，有70多件作品为国家和广东省博物馆收藏。

面对这些荣誉，庄稼大师却十分淡然。他为人谦虚而低调，从不标榜自己。他一生醉心于陶艺事业，师古而不泥古，致力于在传统手法上的创新，题材出新、技法出新、釉彩出新。

庄稼大师始终心怀人民，他在总结自己的艺术道路时说：“我的艺术生命来源于人民，是人民大众给了我创作的灵感，就像我的名字一样，我的作品根植于人民大众这片土壤。”1992年，庄稼离休后，与爱子庄阳创办“陶花源陶艺创作室”，将毕生所学传授给爱子。在生命的最后十几年间，他创作了大量的艺术珍品，为了让艺术回归人民，他向中国美术馆、中国国家博物馆、广州陈家祠、广州艺术博物院等博物馆捐献作品超过200余件。

陶是火中之花。一件陶艺作品需要两种火焰，一种是窑中的火焰，另一种是时间的火焰，前者是从泥到陶的涅槃过程，而后者，则更加残酷，是一种无情的遴选。庄稼的多件作品，如《贞观之治——唐太宗》《诗圣杜甫》等经受住了时间火焰的考验，成为了石湾陶艺史上不朽的经典。

这些经典的佳构是一份宝贵的遗产。作为晚辈，我们深知，缅怀他的最好方式，是亲近他的作品，发掘他的故事，通过他对石湾陶塑的美学体系进行梳理，让更多的人认识并喜爱这些作品，让更多的艺术家学习他一丝不苟的敬业精神。

第一章 大地之子

每个人心中都有一块最柔软的地方，那是他魂牵梦绕的故乡。月是故乡明，水是故乡甜，一个人无论走到哪里，都走不出自己的乡音，走不出亲人的牵挂……而对于艺术家来说，故乡的意义更加举足轻重，是他艺术的初地，更是滋养他灵魂的圣地。

1931年，著名陶艺大师庄稼出生在普宁市燎原镇果陇村。那里地处潮汕平原西缘，东倚铁峰山，西濒银湖，练江环绕，川流不息，是一块秀美如画的风水宝地。那里地灵人杰，陶熏学堂，培育大批英才，俊彦辈出。清代曾涌现祖孙父子一门四进士，一时间传为佳话。因为人才众多，在普宁当地有“一俏洪阳方（洪阳镇，原为普宁旧县城），二俏果陇庄”之说。

庄稼的先人曾护送过南宋末代皇帝宋端宗赵昰。据族谱记载：“庄氏入潮始祖，公从庄公于公元1277年，当宋帝南下途径福建时，乃护帝抗元至新会崖门，由于宋崩帝亡为避元祸，公从公兄弟五位，逃难潮州各地，后来公之大兄公哲、二兄思齐、三兄公茂、四兄公望都返回祖籍福建创祖。唯公从公，遍览潮汕，择地栖身，始创龙溪世系、濠波世系和玉窖世系，并察得鱼塘口（今果陇）山明水秀，林密果硕，垅陌纵横，环境优美，有世外桃源之感，遂安置长男敷言，次男清素落户，此乃果陇始祖。”

稚气未消擂大锤　1949年7月庄稼参加中国人民解放军华南文化工作团

庄稼乳名庄瑞国，学名庄礼泰，祖辈经商，后因生意失败，靠务农为生，生活十分清苦。1943年，由于日本侵华战争和自然灾害，造成潮汕各地发生历史罕见的特大饥荒。《潮州志》谓“是岁潮大饥，饿殍载道”“惨不忍睹”“惨极人寰”。庄稼一家，自然也不能幸免。可以说，贫困和饥饿成了庄稼童年的主色调。

在最困难的日子里，庄稼一家人除了过节，平时只能吃糠饼、喝粥水番薯。有一天晚上，庄稼饿醒了，肚子里咕咕地叫个不停。他起了床，叫醒母亲，母亲心疼儿子，但是家里实在没有粮食，母亲只好煮了开水，撒些盐进去，给庄稼喝。她哄他说:“喝了它，就不饿了”。庄稼信以为真，喝下了盐水，但是饥饿并未消除，肚子里仍然空空荡荡，但他很懂事，抹了抹嘴，笑了。

庄稼从小就很有自尊心，上学时，中午要在学校用餐，有钱人都带白米饭回学校，而庄稼只能带手指粗的小番薯回学校，每次到了吃饭时间，他怕人取笑，不敢呆在学校，跑到远处的神庙躲着吃饭，每次吃前都跪拜，一脸虔诚地向菩萨祈盼：“菩萨，保佑我家能吃上白米饭。”

记得有一年，学校搞活动要穿童子军装，家里太穷，实在没有钱买，心灵手巧的母亲不愿让庄稼失望，找来一些黄枝，把讨来的面粉袋染成黄色，然后自己裁剪，用了一个通宵，熬红了双眼，终于做完了这件“衣裳”。第二天上学，同学们看到他身上穿着这件怪异的衣裳，笑得前仰后翻。庄稼却不以为然，他深知，这一针一线，都是沉甸甸的母爱。

都说，“穷人的孩子早当家”，读小学六年级的时候，父亲就要庄稼为家赚些油盐钱，帮补家用。每逢假期，他总要光着脚板挑上三四十斤盐，走三十多里高低不平的泥路赶到集市上去卖。

艺术家的天赋往往在童年就初见端倪了，庄稼也不例外。从小，他就显示出惊人的美术天赋。当时，家里太穷，买不起纸笔，他就沙地上画猪、羊、牛等动物图案。一个月圆之夜，他突发其想，和一帮孩子在空地上用碎瓦片、玻璃堆砌成一条生猛的巨龙，这应该是他生命中的第一件雕塑作品。第二天早上，乡亲们看到这条巨龙，均惊叹不已，一时间，小小的庄稼成了村里的名人。到了小学六年级，学校举行画画比赛，他画了一幅反映日寇侵华造成人民苦难的《一幅饥饿图》，画面上呈现出一张破席，五六个骨瘦如柴、衣衫褴褛的大小农民，有坐有卧在破席上，父亲拿着瓦钵乞讨，母亲抱着将要饿死的儿子在哭号。老师们看了，大为震惊，将其评定为第一名。

几年之后，天智聪颖的庄稼考上普宁简易师范学校，由于家里太穷，他有时连米和凉饭都带不起，他又不好意思讲，一到午饭时间，就躲了起来，有一次被同学发现了，把所带的干粮分点给他，就这样，他饱一顿饥一顿，终于读完了普师。

普师毕业后，庄稼在邻县的钱坑镇钱南村小学任美术教员。钱坑当时是游击区，受到参加革命的同学影响，1949年七夕，庄稼和几位同学顶着星光，步行四十里，磨了一脚的血泡，来到中国人民解放军华南文工团三大队驻地参军，并随部队转战在粤东游击区。期间，一位老同志建议他改名庄稼，表示他是大地的儿子，从此，这个朴实的名字伴随他一生。

新中国成立以后，庄稼随部队进了广州，他发挥自己的特长，在华南文工团从事舞台美术工作，广州解放后，游行活动时，几张大幅的宣传画和伟人像，都出自他的手。随后，他参加云浮县和罗定县的土改，被评为一等模范。20世纪五十六年代，庄稼以饱满的政治热情，创作了许多反映现实生活的绘画、木刻作品，在《南方日报》《羊城晚报》等报刊发表。

纵观庄稼的人生道路，1953年，是他生命中的一个转折点。此前，广州市第一任市长朱光邀请陶艺大师刘传以及当时的雕塑家高永坚、谭畅，成立广州人民美术社，也就是石湾美术陶瓷厂前身。为恢复和发扬石湾陶艺，庄稼被派入石湾拜著名民间艺人刘传为师，肩负着抢救民族遗产的重任。当时，庄稼也曾苦恼过，他当时正对木刻产生着深厚兴趣，认为学艺术就要去高等学府，这些小玩意儿能搞出什么名堂？领导语重心长地告诉他："民间艺术如无人拯救，将会人亡艺绝，你肩上的责任千斤重呀！今天石湾的传统艺术发扬光大就靠你们了！"此后，他的思想发生了转变。在陶艺名师的指导下，他如痴如醉地迷上了"石湾公仔"，从潘玉书、刘传、陈渭岩、潘跌逵等陶艺大师造诣精湛的作品，到无名艺人信手捏来的粗犷泼辣之作，都成了他临摹、揣摩的对象。他还给自己制订了月度年度工作学习计划，定期检查，认真临摹了一批前辈大师的作品。为

2005年7月三老战友（庄明英、庄稼、庄礼军）纪念参军55周年互相联诗后留影

1975年庄稼为新疆伊犁人民造像

1975年庄稼与廖洪标在新疆体现生活

20世纪50年代，庄稼（前数第二排右三）区乾、谭畅、刘传、尹积昌、曾良等陶艺家与工友们在广州人民美术社石湾陶瓷雕刻工场前合影

20世纪50年代，刘传传授技艺（右二为庄稼）

1961年与刘传、廖洪标、曾良、刘泽棉合影（左二为庄稼）

左一为刘传，右一为庄稼

『心中只有你』——庄稼（1967年12月刻）

了从生活中提炼艺术形象，他随身带了画夹和速写本。这些来自民间艺术的精灵，钻进了他的心扉，烙刻在他的脑海，激发了他的创作热情，很快便显露出艺术才华。

功夫不负有心人，庄稼的处女作《喂鸽》收入了1953年《华南美术作品选集》，在《长江文艺》杂志封面发表。作品《七仙女》参加莫斯科"世界青年美术作品展览"，受到国际艺术界好评。1960年，他和老师刘传一起被邀请到北京中央美术学院讲课，登上了工艺美术最高学府的讲坛，这一年他才29岁。

在陶艺创作上初露锋芒，并没有使庄稼沾沾自喜，他感到自己的作品，感染力还不够强，原因是生活来源不丰富，艺术修养不足。于是，他积极深入生活，博览文学艺术名著、古今中外画家和雕塑家的文章及作品，贪婪地吮吸着文化艺术营养。

1957年1月26日，庄稼与作家关健儿喜结连理，两人风雨同舟，相濡以沫，他们不仅是生活上的伴侣，也是艺术上的搭档。两人也一起合作，一个写脚本，一个绘画，共同创作了小人书《神水瓶》《卡达》《农夫兄弟》《大田和小田》，并在香港地区出版发行。

在艺术上才华横溢的庄稼，在生活上却比较笨拙，除了上班外，他还坚持画画的副业，经常工作到深夜。有一次，凌晨时分，他饿了，开了火水炉煮东西吃，不慎打翻了，连书包都烧了起来，他心急地扑火，同宿舍的人赶来，见他面已烧成红色，把他送去了石湾医院。

1966年，“文化大革命”的风潮席卷全国，石湾美术陶瓷厂的产品没有销路，曾转行做过纪念章，生产电子电容器，刘传也被打成“反动学术权威”，被戴高帽游行，庄稼则被视为“黑线宠儿”下放车间劳动。但他的艺术信念没有动摇，20世纪70年代文化禁锢略为松动，他就创作了一批现实题材的作品，如《试针》《风雪巡逻》《马背小学》等力作。其中，《试针》在新中国成立23周年全国工艺美术展上被评为优秀作品，并登上《人民日报》《人民画报》。庄稼一举成名，享誉全国。

改革开放之后，举国上下，万象更新，庄稼步入了“天命之年”，但他却以火一样的热情，投入创作，并登上了艺术事业的颠峰。1984年创作了《贞观之治——唐太宗》《诗圣杜甫》《四大美女》等代表作，其中，《贞观之治——唐太宗》在表现唐太宗雄才伟略的同时，更是借古喻今，讴歌改革开放。作品面世之后获得全国第六届美展优秀作品奖，被中国美术馆收藏，成为首件被中国美术馆收藏的石湾陶塑珍品，使这一民间工艺登上了大雅之堂，成为石湾陶艺史上的不朽经典。

艺无止境，生命不息，攀登不止。1993年，庄稼离休后创办陶花源陶艺研究室，与儿子庄阳一起研习陶艺，又创作出《升平乐》《钟馗嫁妹》等一批佳作。

一个艺术家的成功，光是热爱还不够，一定要做到痴迷。一心“痴陶”是庄稼之所以成功的关键。他的妻子关健儿说：“大师的生活除了‘公仔’还是‘公仔’，他不属于自己、不属于家庭、不属于我，只属于艺术。几十年来，他创作了数以百计的陶塑作品，但日常生活常识却很少注意，

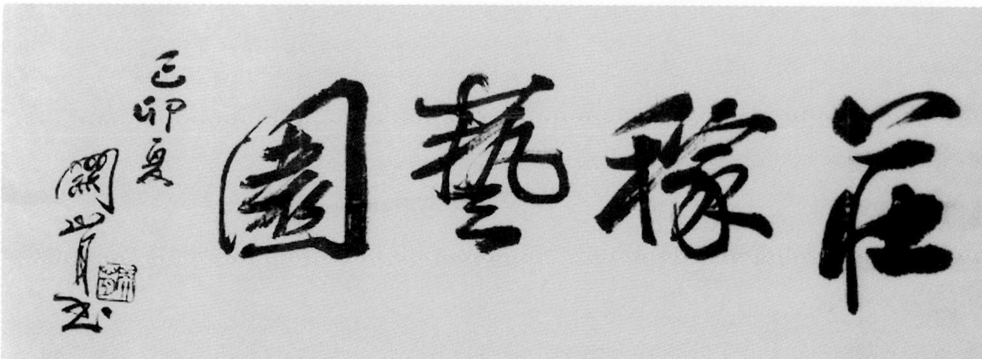

岭南画派大师关山月为庄稼工作室题字

以致常常闹笑话。比如，他用电风扇不会调快慢档，关风扇时只好将电插头拔掉；记电话号码最怕长数字，很怕打手机。”他的爱子庄阳说：“父亲平时平易近人，但是在艺术创作上十分严肃认真，一丝不苟。每次创作前，为求形象真实、逼真、传神，父亲都会对创作人物进行详细的资料搜集，了解其经历、性格等特点，才进行创作，使作品形神俱备、栩栩如生。”

除了通过精研《辞海》，熟晓历史人物，庄稼还随身携带速写本和画夹，随时捕捉“人物”。有一次，他去新华书店买书，出来看到一老妇极像刘传《弃官寻母》中的母亲，便紧紧尾追观察，跟了一段路后那老妇突然回头，厉声喝问他有何居心。围观者也讥笑他是“黍离线佬”，满街“卜卜脆”的姑娘不追，却去追个“伯爷婆”！他忙向老妇解释，说自己是“捏公仔”的，觉得她的模样很适合……老妇看他一脸诚恳，不像那不正不经的人，于是站定让他看了三分钟。他回去后第二天上班，才记起把自行车丢在了书店门外。那年代，丢辆自行车当然是个很大的损失，幸运的是，他创作的《弃官寻母》获得了巨大成功，被评为中国工艺美术珍品。

庄稼喜欢抽烟。曾经一天抽五包烟，一支接着一支，一上午，只需要点一次火。夏天的时候，房间开了空调，窗户紧闭，整个房间，烟雾弥漫，宛若仙境一般。除了烟之外，茶也是庄稼的最爱。创作时，手边也不忘记放一杯茶。可是，有时创作过于投入，竟然把洗泥水当成了茶喝，这还不算，喝完之后，竟然浑然不知，其忘我的状态，可见一斑。

庄稼并非美术院校科班出身，却在1960年至1963年兼任广州美术学院雕塑系客座教师，并多次应邀在国内外的一流美术院校讲授陶艺。1967年庄稼应中央美术学院雕塑系邀请，为缅甸留学生讲授陶瓷雕塑课；1978年在堪培拉、悉尼、墨尔本等地三所高等美术及工业院校作陶艺技术讲座；1979年10月随广东陶瓷专家小组参加香港大学冯平山博物馆举办的石湾陶展学术活动，并在香港大学讲授陶艺技术。这些成就归功于他善于把艺术创作的实践，提升到理论高度总结，改变了石湾陶艺理论体系单薄的状态，其中《勇于开拓，大胆创新》《宜起不宜止，宜藏不宜露》等论文，成为他总结石湾陶艺理论的代表作，获得海内外同行的好评。

庄稼工作照

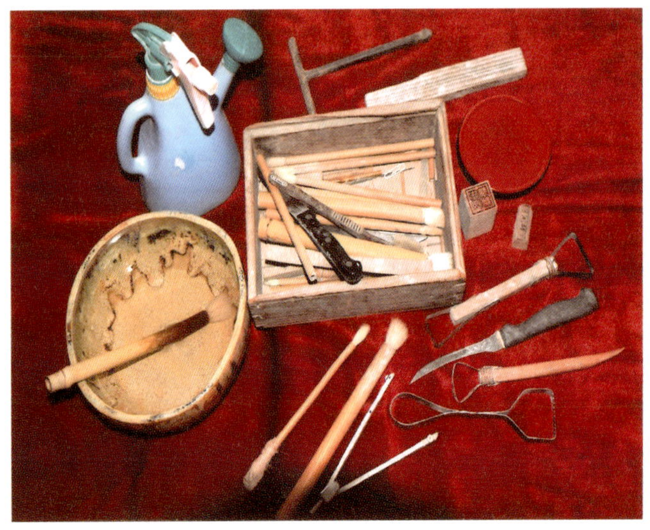

庄稼生前的创作工具

与家人合影，前排为庄稼的母亲

与夫人关健儿合影

与夫人关健儿、外孙女庄君合影

全家福（2006年3月6日庄稼生日）

庄稼一生获荣誉无数，但他淡泊名利，视荣誉如浮云。他虽然是石湾陶艺界的泰斗，但为人十分随和，对生活的要求极低。午睡就睡在一块50厘米宽的木板上，枕头是一叠报纸，冬天则盖上自己的外套，一睡就是39年。

除了对工作孜孜不倦、一丝不苟外，庄稼闲时还是一位有生活情趣、顾家的传统男人。据家人描述，庄稼平时晚饭过后喝喝功夫茶，观看央视新闻，与儿子讨论切磋陶艺，孙女偶尔在其一侧唱歌跳舞，一家人欢聚一堂，共享天伦之乐。逢年过节，庄稼还会提早下班去山紫市场选购材料，为家人烹制潮汕风味美食——“七样菜”。吃过的人无不称道：“大师不仅陶艺功夫深，烹饪技术也是一流的。”

著名诗人韩笑赠诗云：“血汗注泥土，理想凝指尖。雕时代气韵，塑民族尊严”。庄稼把一生献给了陶艺事业。《春江花月夜》是庄稼的最后一件作品，是为亚洲艺术节专门创作的。他以前的作品制作速度都是很快的，只要脑中构思已定，作品出炉不需多日，而制作这件作品时因肺结核反复住院，前后花费了一年多时间，那时每次住院，他最放不下心的就是这件作品，总是希望能早点出来把这件作品完成，为了这件作品，他两次住院，四次要求出院。后来病情已加重，双手开始发抖，无法进行创作，但他仍坚持着把以前做好的题材再进行修改，可谓为陶艺倾尽最后的心血。

2006年，庄稼因病逝世，走完了78年的人生历程。整个石湾陶艺界为之悲痛，为之惋惜。原中国全国归国华侨联合会副主席庄世平在唁电中写道："他的离去，是我国陶艺界的巨大损失。国失英才，徒失良师，不胜悼痛！"陶艺大师黄松坚表示："他是石湾陶艺继刘传之后最杰出的大师，到目前为止没有任何人能在陶艺上超越庄稼大师的造诣和成就。他的离去是石湾陶艺的损失，也是中国陶艺界的巨大损失。" 而与他朝夕相处的爱妻关健儿更是深情地写道："人间若有真情在，情系庄稼一千年。"

庄稼一生倡导"让艺术回归人民"，他认为艺术都是来自于民间的，真正的艺术也应该是真正的民间的东西。艺术家在寻找灵感时，很多都是来自于民间传说、古时历史和生活素材。因为人民永远是艺术创作的源泉，各种生动的表情、动作、喜怒哀乐都常常反应在他们身上，古今中外，很多成名的作家，都是常到人民中进行细致观察，汲取灵感与智慧。在一定意义上说，艺术是人民创造出来的。"让艺术回归人民"这个原则永远都适用。他生前捐赠了200多件的作品给各个博物馆，他在用他的方法让陶艺回归到人民，与人民共同享受，报答人民。

人生苦短，艺术永存。庄稼大师的肉身虽然已经离开了这个世界，归于了尘土，但是，那些凝结着他生命的元气与智慧的陶塑作品，却在时间的长河中获得永恒。

第二章 石湾之光

古老的艺术，只有不断地在传承中创新，在创新中传承，才能永葆青春。庄稼几十年孜孜不倦的创作，为石湾陶塑的发展做出了不可磨灭的功勋。

对于庄稼的艺术成就，岭南画派代表人物关山月评价甚高，他认为："庄稼的艺术，无疑是新中国成立以来石湾陶塑艺术光辉的一个里程碑。"广州美术学院原院长高永坚则表示："庄稼的作品丰富多姿，意境迥异，再不能用什么'栩栩如生''形神毕肖'去衡量了。"陶艺大师刘泽棉是庄稼的同门师弟，他认为："庄稼在石湾陶塑艺术的发展中，很好地起到承前启后的作用……他带领着我们走向更高层。"

庄稼对石湾陶塑最大的艺术贡献主要表现在三个方面：一是对传统石湾陶塑的艺术化改造；二是拓展了石湾陶塑的创作题材；三是对石湾陶塑的理论进行了总结与提炼，将石湾陶塑艺术的理论研究提高到一个全新的高度，为"石湾陶塑"这一民间工艺向陶塑艺术发展贡献了毕生的心血。

一、对石湾陶塑进行艺术化改造

石湾陶塑是一项民间工艺，在老艺人那里，注重写意传神，但对作品结构不太重视。庄稼坚信“传统是活着的、发展着的。”他一方面对传统的精粹进行继承，另一方面运用西方的雕塑理论，对石湾陶塑进行了全新改造。他用现代的审美观念，打开了传统石湾陶塑与雕塑之间的通道，前期的创作，强调西方雕塑的体积感；高峰时期的创作，体现的是一种匀称感；而在后期，更是与现代雕塑的理念相结合，既追求整体造型，又追求作品细部的质感，使得作品从整体上说，气韵生动，又使得每一个局部都具有生命力与表现力。可以说，他融合了米开朗基罗的严谨写实与罗丹的以情赋形，使石湾陶塑这一古老的技艺焕发出新的生机。

每一个艺术家，毕生都在寻找自己的风格，而风格的形成，是一个漫长的渐变过程。对此，庄稼深有体会，他在《陶艺拾遗》中写到：“先博后专，专后求精；精出自吾，风格乃成。”在数十年的创作生涯中，他兼收并蓄，作品数量惊人，而且一直在寻求突破，一直在寻找属于自己的陶塑语言。纵观他的创作历程，笔者认为大致可以分为五个阶段。

第一个阶段（1953－1971），是庄稼早期的学习阶段，他以壮士断腕的勇气，以海纳百川的胸怀，积极深入生活，博览文学艺术名著、古今中外画家和雕塑家的文章及作品，贪婪地吮吸文化艺术营养。在保留石湾陶塑韵味的同时，不断地吸收其他艺术门类的长处，兼收并蓄，不断尝试。创作出《塔吉克姑娘》《柳宗元》《丰收在望》等一批佳作。

第二阶段（1972－1980），是庄稼尝试将西方的雕塑理论，尤其是罗丹的艺术特色融入石湾陶塑的过程，这一时期，他创作了大量表现时代特色的作品，与此同时，也试着将枫溪陶瓷的元素融入石湾陶塑。1972年，41岁的庄稼迎来了艺术生涯的第一个高潮，他的代表作《试针》享誉大江南北，这是石湾陶塑第一次获得全国性的广泛认同，同时，也确立了他在中国陶塑界的地位。

查阅创作资料

与关山月大师讨论作品

第三阶段（1981－1984），这个时期的庄稼正值壮年，元气充沛，技法成熟，创作步伐更加稳健而自信。1981年创作的《笑仙》标志着他的个人风格已经形成，线条率真老辣，古拙苍劲，极富金石韵味。这是最富有创造力的黄金时期，他的精品迭出，其代表作《贞观之治——唐太宗》《诗圣杜甫》都是这个时期的作品。

第四阶段（1985－1994），面对一系列的荣誉，庄稼没有沾沾自喜，相反，他更加勤奋地创作，尝试石湾陶塑的不同可能性。这一个时期的代表作《钟魁嫁妹》《升平乐》《芭蕾之诗》均有独特之处。《钟魁嫁妹》将透视的手法运用到石湾陶塑之中。他的儿子庄阳说："《钟馗嫁妹》是这方面的代表作之一，作品的塑造手法是利用透视的立体感，从下往上看，头很小，腿很长、脚很大，这是反石湾传统陶艺的创作方法，特别而怪异，但是又很得意生动，人物形象塑造得很成功。"《升平乐》一改钟魁的凶恶形象，显得憨态可掬，是人物形象的大胆创新，这件作品由中国国家博物博收藏。《芭蕾之诗》更是庄稼艺术生涯的另一次质变，突破石湾公仔造型轻重传统，表现少女足尖独立的婀娜舞姿，创造了石湾物陶塑依靠单脚支撑全身的先例。

第五阶段（1995－2006），对于庄稼来说，石湾陶塑是他的生命，他要求自己多琢磨、多尝试，做到老、学到老。离休之后，庄稼创办了"陶花源"陶艺工作室，这个时期的作品，更加贴合他个人的心性，更加率性自然，平和从容。这个时期的代表作有《醉李白》《文姬归汉》《春江花月夜》等。

有评论家指出："中国书画从写实向写意变化，而石湾陶塑却是从写意向写实发展。'明代的石湾陶塑很概括、写意、简练，是因为它的创作与同时期的其他艺术品种如木雕、陶艺、堆塑等互相参考和借鉴，随着慢慢往写实的演变，如今的石湾陶塑更加写实、细腻、注重结构。'这其中，庄稼功不可没。"

庄稼从艺53年，创作了近500件作品，曾荣获中国工艺美术学会多项大奖、中国民间艺术委员会颁发的最高奖项"突出贡献奖"、佛山文联颁发的"最高成就奖"、普宁市政府"铁山兰花奖"。有70多件作品为国家和省博物馆收藏。1984年作品《贞观之治——唐太宗》获全国第六届美术优秀

新时期中国艺术家明信片

作品奖，并由中国美术馆收藏。1987年作品《诗圣杜甫》《弃官寻母》参加全国工艺美术展览并被评为中国工艺珍品，由中国工艺美术珍宝馆收藏，《汉武帝》《升平乐》由中国国家博物博收藏。国家邮政局于2000年发行100位“新时期的中国艺术家”专题明信片，庄稼位列其中，广东全省只有三位艺术家入选，另外两位是粤剧表演艺术家红线女和端砚工艺大师黎铿。在生命中最后的时光，他仍坚持创作，他用毕生的经历，对石湾陶塑进行艺术化改造，奠定了石湾陶塑在中国雕塑界的地位。

而对于自己的突出贡献，庄稼却十分谦虚，他说：“我所能企及的只是艺术灵魂中的某一根触须，而日新月异的陶艺本身的高峰，是我永远在探索和攀登的目标。每个作者都要考虑给传统增加一点东西，哪怕是极少的。这样，古老的艺术传统就会长久不息，永放光彩。”

二、拓展了石湾陶塑的题材

石湾窑是民窑，草根性是它最大的特色。石湾陶塑自清代中叶以后逐步形成了风格特色，由于有深厚的民间信仰作为沃土，人物陶塑以仙佛、达摩、罗汉、寿星、观音为题材，民间艺人巧妙地把鱼、虾、螃蟹乃至白菜、瓜果等形象塑到美观实用的器皿上，成为群众喜闻乐观的一种品类。

早在20世纪六七十年代，庄稼敏锐地意识到，单一的题材，类似于近亲繁殖，会成为石湾陶塑的发展瓶颈，他发挥自己的优势，对题材进行拓展，成功地塑造了许多个性鲜明的人物形象。

这种突破，首先体现在文人题材上。石湾的民间艺人，他们虽读书甚少，但善于捕捉动态的生活场景，也能创造亦庄亦谐的人物形象，但较少涉及文人形象，即使偶有创作，终因不能与人物进行深入对话，无法把握人物的内在气质，显得空瘪、单一，不够灵动、饱满。可以说，文化积淀的浅薄是他们的软肋。庄稼饱读诗书，身上有一种诗人的气质，对文人的风骨十分推崇，因此，成功创作出杜甫、李白、诸葛亮、王羲之、八大山人、怀素、郑板桥等一大批人物形象，其中，有些人物还不止创作了一件。创作最多的是诸葛亮，每一件作品，绝不雷同，都会对人物有新的发现。庄稼之所以乐此不疲，一方面是他个人的喜好，另一方面，他认为这些人物真正体现了中国人的风骨。他所塑造的不仅仅是历史人物，而是中国文化中的一颗颗伟大心灵。

在文人的塑造中，最成功的当推诗圣杜甫。陶艺大师梅文鼎认为：“《诗圣杜甫》以杜甫在战乱年代目睹民不聊生时，忧国忧民的心态特征作为创作基点，作品重视解剖、动态的准确，更强调人物形象、神态的刻画。”佛山市作家协会主席，著名诗人张况说：“我是啃唐诗长大的，所以对庄稼那尊《诗圣杜甫》十分青睐。尽管那是一尊体积很小的陶塑，然而作品还是充分地表现出了这位唐朝伟大的现实主义诗人忧国忧民的深沉性格。杜老夫子清瘦的身躯中分明透着一股正气、朴素的衣衫里分明裹着一副傲骨。庄稼所表现的是一股清风拂来，杜甫临风而立仰首凝望远方的肃穆之态。联想起杜甫对当时黑暗政治的批判，对穷苦人民的同情从他诗里沉郁地流露出来，似乎可以感受到诗人此时的目光是看得透当时社会的许多矛盾。清风拂起杜老夫子的衣衫、胡髯，在月黑风高之夜，诗人于风中站立成飘然一君子，怀着忧愤的心情，用忧愤的目光直戳黑夜般的封建社会内脏，表现了诗人对统治者的罪恶的痛恨和对穷苦人民寄予的同情，诗人眉目之间流露的是满腔的激愤。”

仕女也是庄稼的一大突破。在石湾陶塑的历史上，女性题材并不多见，原因有二，一方面是由于历史的原因，女性地位低下；另一方面是石湾的陶泥的特性，更擅长表达男性的粗犷。然而，庄稼知难而上，为石湾陶塑增添了女性的温婉与柔情。他的作品《四大美人》《文成公主》《文姬归汉》等，优雅秀美，丰姿绰约，堪称石湾当代陶塑仕女的经典之作。其中，《四大美人》以端庄典雅、灵动轻盈、古朴含蓄、兼工带写的手法，使石湾陶的仕女创作达到一个新的高峰。2001年的新作《史湘云醉眠芍茱胭》以其粉面含娇的逼真神态博得多方好评。2006年，庄稼病重期间，仍在创作《春江花月夜》，这是他人生的最后一件作品，他对女性美的无限追求，成为了人生的定格。

陶艺大师梅文鼎曾撰文指出：“我个人认为仕女形象更能显示他的艺术修养。如《塔吉克姑娘》《宁静》《洛神》《水月观音》《四大美人》《献寿》等，均造型简洁、线条流畅，脱出俗气、媚气的情与美被塑造得炉火纯青，恰到好处。”

除了文人和仕女之外，庄稼还创作了一系列富有鲜明时代特色的作品，使得石湾陶塑这一民间技艺，获得了全国性影响。

对于时代的深切关注，以及技艺的精进，使庄稼在把握现实题材时，变得游刃有余。1972年，一件《试针》，让他红遍了大江南北，使石湾陶艺首次获得全国性的影响。作品表现的一名少数民族赤脚医生，她为了提高疗效，聚精会神地在自己身上试针。少女面容清秀、神情专注，从内到外透出一种清新之美。底座与人物的釉色形成鲜明对比，人物的姿态优美、自然，是现实主义创作的代表之作，作品参加当年全国工艺美术大展并获奖。借此，石湾陶的创新已经获得了普遍的社会认同，庄稼功不可没。

“文革”期间，庄稼的创作从古典转向了现实，创作了一系列现实主义的佳作，他的作品，虽然贴近生活，但不是对时代的简单图解，而是呈现一个时代独有的精气神。《丰收在望》表现的是一个农民在劳作之余，坐在田埂上抽烟休息，望着即将收获的田野，充满了一种喜悦的神情。这件作品，显得十分自然，宛若现实中的场景一样，对于人物肌肉的表现，获得了一种力量感。釉色丰富但过渡自然，显得生动而又和谐，是一首劳动的赞美诗。

《苗女》表现的是苗族少女在做苗绣的细节。这是一种独特的民族风情，如果你去过苗族的村寨，会发现有很多少女在吊脚楼上制作苗绣，这不是一般的苗绣，而是她们的嫁衣，每一个苗族女孩都会制作苗绣，都想成为这个世界上最美的新娘。在这件作品中，少女的脸颊有些微的绯红，可见她的情思，正一边制作苗绣，一边想念自己的情郎。釉色质朴、丰富，非常贴合人物的身份，尤其是上面的蝴蝶花纹，也别有深意，因为在苗族的传说中，蝴蝶是她们的祖先。

三、对石湾陶塑进行理论总结

中国的雕塑，向来缺少理论，历史上有记载的，仅仅是塑圣杨惠之的《塑诀》，但这根“独苗”后来也失传了。同样，石湾陶塑的历史虽然漫长，但也一直没有理论支撑。它的传承主要靠师傅的言传身教，但是，作为一种手艺，师傅的传授是有限的，正所谓“教会徒弟，饿死师傅”。因此，历史上有很多“窥师”的故事，潘玉书、刘传等莫不如此。新中国成立之后，文化管理部门意识到理论的重要性，便让庄稼跟随刘传学艺，同时，对刘传的艺术理论进行总结和梳理。

1962年，庄稼的首篇论文《宜起不宜止，宜藏不宜露》发表于当年《美术》杂志第三期，后被收入上海人民美术出版社出版《形象的探索》一书，并获新中国成立55周年《优秀论文专集》特等奖。1997年，国家有关部门把撰写《中国现代美术全集》陶瓷雕塑分集专论《二十世纪的中国陶瓷雕塑》的重任交给了庄稼先生。该专论内容涉及我国陶瓷雕塑的历史渊源、近百年的发展概况和艺术成就、各大陶瓷产

佛山市石湾美术陶瓷厂文稿纸

第　　分页

刘传的陶塑艺术

论稼　今年八十岁，广东南海人，从艺63个春秋

刘传先生是石湾陶艺一代宗师，我国著名的陶艺家~~中国工艺美术大师~~，一九七九年国家轻工部第一批授予中国工艺大师荣誉称号的我国老一辈著名陶艺家，是新中国成立前后，继往开来的振兴石湾陶艺的带路人。

刘先生出身贫苦，十二岁当童工，十七岁[illegible]海内外，[illegible]旧中国，因[illegible]社会，他刻苦自学成材，以"窥师"的形式，向前辈艺人潘玉书、陈渭岩等名家学艺钻研，走陶术创作道路。全面掌握陶瓷制作的泥、釉、火全面技术，在发展石湾陶艺事业中，作出了历史性的贡献。

他的代表作品《[illegible]》《达摩[illegible]》《[illegible]》《李白[illegible]》《[illegible]》《[illegible]》《[illegible]》《[illegible]》《[illegible]》

他继承陶艺创作理论，《传神论》是他一生的艺术实践的精辟总结，传神的艺术，刘传的陶艺被誉为传神的艺术，实属恰当不过。

艺术成就了艺术，刘老实践和实践出真知，刘传先生在漫长的艺术生涯，造就和形成了自己独特的艺术风格，他的作品，取材广

20×20＝400

《刘传的陶塑艺术》手稿

区的风格和艺术特色，知识面广、写作难度大。博学多才的庄稼先生大师放下手头的陶艺创作，历时一年半圆满完成，受到了广泛好评。

庄稼将刘传观察生活的方式，总结为“边找，边记，边提炼。”在形象的塑造上，归纳为“十清一浊，十浊一清”“丑而不陋，奇而不怪”。而在表现手法上，提炼为“在写实的基础上大胆夸张，夸张到适可而止”。他认为小件雕塑的形象和性格，越鲜明、越强烈越好，要想强烈就要夸张，大胆概括集中，在写实的基础上夸张，夸张到适可而止。并强调，夸张有三原则，一是服从对象的真实，二是服从主题的需要，三是服从视觉的要求。在衣纹的处理上，他总结道，衣纹是石湾陶塑中一项重要的审美元素，衣纹的线条如行云流水，或简或繁，潇洒流畅，虚实相宜，动静相生，都能与人物的性格与情感相映成趣。依靠线纹的飞动，借衣纹折叠、线条流动去表达人物的情感，体现了中国文化中的含蓄美。衣纹是写意的，但并不随意，它必须遵循基本的规律。一般来说，产生衣纹的三大要素为人体结构、运动状态和外力作用。紧贴身体衣服的衣纹比较少，紧贴身体以外的虚空部分衣服形成的地方，人在坐立、走动和运动时不同的形态可产生不可的衣纹，外力也会影响衣纹。一般来说，有四种形式，即折叠式、牵拉式、下垂式和外力式。衣纹的变化是无穷的，因为它与衣服的质料、厚薄、新旧、软硬、大小和服式形状均有关系。在制作的过程中，有几个注意点，首先是服从人体内格，不能喧宾夺主。其次是，要突出主要衣纹，通过取舍，使人物的动态结构更明确、更生动。当然，最重要的一点是，根据作品来进行艺术加工，做到疏密有度，加强装饰感与美感，要做到因人而异。在这方面，石湾老一辈的陶塑艺人已经总结了一些经验。不同人物的衣纹，如仕女、武士、神仙、佛像、儒士或现代人物，都有明显的不同，应该同他们的身份相符合，富有个性。仕女的衣纹要柔和圆曲，抒婀娜纤巧之容态；武士的衣纹多方直硬挺，显刚毅勇武之气概；神仙的衣纹要宽长疏卷，助飘逸欲举之形状；佛像的衣纹多匀密流畅，现庄严超脱之法相；儒士的衣纹多简洁虚阔，有清高典雅之风度；现代人物的衣纹则多密短扎实，反映现实生活状貌。

刘传与庄稼

2008年与刘传、任流、刘泽棉在一起（左一为庄稼）

与刘传、刘泽棉、梅文鼎、蔡波在一起（右一为庄稼）

与刘泽棉、廖洪标、黄松坚在一起（右一为庄稼）

在情节处理的问题上，他指出，刘传老师在情节的选择和表现上喜欢用的口诀是“宜起不宜止，宜藏不宜露”。“起”和“藏”（含蓄）都是指艺术思想的深度，因为就情节处理所创造出来的艺术境界来说，含蓄意味着深广，而“止”和“露”意味着浅窄。刘传认为“宜起不宜止”就是说应该描写情节的发展，而不是描写事情的结局，发展着的东西是活的，而情节的终点已固定不变，难以给群众提供再创造的余地了。“宜起不宜止，宜藏不宜露”，有相同的含义，但也有区别。前者把握着情节的饱和点，用以表现发展着高潮，也即是揭露特定时刻的、特定人物的性格特点；后者则着力表现情节的境界，使艺术品不等于模型而具有生命和感染力。有时碰到一些作品是需要“露”的，如果表现某些反面人物，要在含蓄的基础上表露，表露中带有含蓄。

这些师徒之间口口相传的理论，如今已经成为石湾陶艺家创作的重要依据，也是评判作品艺术水准的重要依据之一。

对庄稼的这一突出贡献，陶艺大师刘泽棉表示：“1958年，我和庄稼初次相识。一见面就很投机，他看起来聪明又有文化，文艺理论水平很高，讲起来头头是道，让我非常崇拜。后来，刘传大师去北京讲课，庄稼也去了，他把刘传的讲话整理成笔记给我们看，这对我们来说受益匪浅。可以说，庄稼在把民间艺术条理化、系统化方面，有很大贡献。他考虑到了怎么样去继承，去发展。”

陶艺大师黄松坚则表示：“石湾陶艺属于典型的传统工艺，只有简单的实践而缺乏理论的支撑。庄稼的出现彻底改变了这种尴尬局面，他一面专注于传统石湾陶艺的技术研究，一面专心研究、总结理论知识，著书立说，使石湾陶艺有了更完整、更清晰的记录和传承。”

第三章 大师之道

中国的雕塑与绘画，前者是三维艺术，后者是二维艺术，属于不同的艺术门类，但在线条艺术性上、意象性造型上和形式简约性上，有很多互通性之处，从本质上说，都是由中国哲学所支撑，都属于造型艺术的范畴。事实上，“塑绘不分”“塑容绘质”是中国雕塑的一个重要特点。因此在探讨庄稼的陶塑艺术的风格时，我们也将从“气”“韵”“神”“形”四个方面切入，正是对这些维度的准确把握，庄稼的作品才会“齐造化之功”，呈现出意态万千的生命力。

一、气

玄之又玄，众妙之门。中国的传统艺术，跟中国哲学紧密相连。在中国古典美学体系中，“气”是一个十分重要的范畴。

“气”是宇宙生成的本始，本来是一个哲学范畴，最早由老子提出，老子说：“道生一，一生二，二生三，三生万物。万物负阴而抱阳，冲气以为和。”《淮南子·原道训》曰：“气者，生之元也。”古人认为，宇宙在本质上是一个气的宇宙。元气流动，无所不在，聚则为物，散则为气。从这个意义说，人和物从本质上是一样的，是由“气”凝聚而成，作为一个艺术家，要进入物凝结之前的状态，方能捕捉到神之所在，这是动中之静，也是静中之动。

中国传统的绘画，特别讲究“神遇”，强调艺术家的主观能动性，如石涛所说“神遇而迹化”，那么“迹化”成了什么呢？笔者认为，是化成了“气”。

我们可以从三个方面来阐述庄稼陶塑创作中的气。一是万物的生气，二是艺术家的元气，三是作品内在的气势。

万物皆有灵，万物永恒的生气，就在聚散之间的混沌状态之中，从某种程度上说，艺术家所要面对的，首先是这一团气，雕刻也从这团气开始。只有怀着一颗虚静的心，进入物的内容，才有可能聆听到这种生命的律动。艺术家如果不进入“气”，就听不到生命的律动，雕不出活脱脱的生命。气之于物，如水之于鱼，离开了水，鱼虽还是鱼，但却是死鱼。

张庚《浦山论画》说：“气韵有发于墨者，有发于笔者，有发于意者，有发于无意者。发于无意者为上，发于意者次之，发于笔者又次之……盖天机之勃露，然唯静者能先知之。所谓无意之韵，乃庄子的心与物忘，手与物化的境界，这即是技而进乎道的境界。”可见，要想达到至高的艺境，需要艺术家有极高的修为与品藻，技术要达到炉火纯青，还要进入物我两忘的境界。

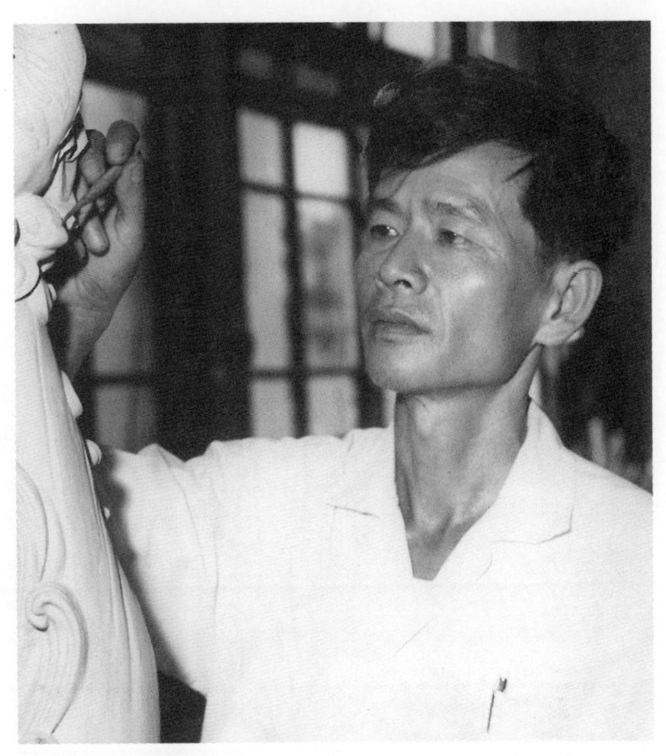

庄稼在创作中

正因为如此，艺术家就要特别修炼自己的内心，在生活中，庄稼淡泊名利，饱览群书，使自己的内心充满了一种清逸之气。他塑造的人物，也都能隐隐透出一种清逸之气。

在创作的过程中，庄稼的修改时间很长，他总是对作品不停做加法，又不停地做减法，两者相互交替，不停地进入，又不停地抽离，变换着视角。他是一个完美主义者，对每一根线条，每一个块面反复地修改，使得作品无限地接近造化，无限地趋向天成。如果把未完成的作品比作野马，那么，这些线条，就是试图驯服它们的缰绳。

国学大师王国维说："对宇宙人生须入乎其内，又须出乎其外。入乎其内，故能写之；出乎其外，故能改之。入乎其内，故有生气；出乎其外，故有高致。"对于一件陶塑作品，远看需取其势，近看需取其质。势源自于气，气盛则势旺。只有艺术家的生命元气与物象合二为一，艺术才能获得信马由缰的自由，才能呈现出作品强大的气势。

庄稼的《贞观之治——唐太宗》是一件气势非凡的作品。笔者认为，作品的成功，正是源自两种气的交融，一种是王气，一种是英气。据史书记载："太宗写真图，忠王英姿颖

《贞观之治——唐太宗》

发，仪表非常，雅类圣祖，此社稷之福也。”这种气，首先是唐太宗身上这种文韬武略的非凡王者之气。正因为在这方面的成功，使得作品获得了强大的张力，营造出一种非凡的气场，有了一种虚拟的空间感。这个踱步的姿态，本身充满了象征的意味，象征一个国家稳健而雄壮的前行步伐。

在创作《贞观之治——唐太宗》的过程中，庄稼十分投入，几乎到了废寝忘食的程度。当时，他做了十个小稿，个个都有30厘米高，但都不甚满意。一个冬日的下午，气温很低，庄稼突然有了灵感，越做越兴奋，他觉得自己浑身充满了豪气，后来索性脱掉了毛衣，只剩下一件衬衣。正因为这样，他创造出来的作品，方能真气充盈，呼之欲出。

在《贞观之治——唐太宗》中，庄稼选择的是唐太宗在阅读了谏议大夫魏征的直言进谏奏折之后，神情凝重、踱步沉思的艺术形象，这个瞬间，富有强烈的冲突。

文贵有气，陶塑也是如此，气韵生动，人物则饱满，气韵僵滞，人物就会空瘪。在具体的刻画中，庄稼紧紧抓住了气这个内核。这种气，并非单一的，可以从几个方面体现，呈现出一种类似于交响乐的和声。

第一，脸部的细致刻画，如同中国传统绘画中的工笔画。唐太宗面目俊朗、目光深邃，神情庄重，刚劲有力，神采如生，顾盼之间展现了一代明君的风范与威仪。顾恺之有云:“传神写照，正在阿堵中”，眼睛可谓是作品中的神来之笔，一方面唐太宗的目光神色奕奕，极富穿透力；另一方面，唐太宗的丹凤眼，用弧度表现，使得目光没有死角，站在他身边，仿佛在任何一个角落，都能感受到不寒而栗的光芒。一个人即使不发怒，不发声，都有威严，这就是王者的境界。

第二、作品强调了体积感。据史书记载，唐太宗身高八尺，身材魁梧。此外，胸怀宽广也是唐太宗的一大特点。为了体现唐太宗的壮硕和大度，就必须让陶塑具有饱满的体积感，整体有一种稳如泰山的感觉，他的身体微微前倾，一脸沉思的姿态，又让稳重之中，多了一丝恰到好处的动感，避免了稳重带来的呆板，可谓是静中有动。

第三、釉色的使用恰到好处。为了表现唐太宗头戴幞头，身穿赭袍佩玉带的形象，庄稼随类赋彩，在这件作品上采用了石湾独有的“石榴红釉”，釉层很厚，肉感很好，且釉色鲜红丰富、浑厚，极具表现力，增加了人物的稳重感与庄重感，自然形成的棕眼，又使得作品充满了质朴天真的自然肌理。

第四、和中国传统绘画一样，陶艺的线条既是叙事的，又是抒情的，充满韵律，是人物内心的外化，这件作品的线条刚健有力，方圆间施，简洁流畅，别有韵味，给人一种自然的亲近感，又非常贴合人物的性格特质。

二、韵

在中国传统的美学观念中，“气”和“韵”经常是联系在一起，气韵是否生动，是衡量一件作品是否成功的重要因素。谢赫说：“气者，心随笔运，取象不惑。韵者，隐迹立形，备仪不俗。”

如果说“气”是一个聚集的过程，那么“韵”就是一个融化的过程，“气”是一个整体，而“韵”是无数个与之对应的细部，有着潜在的音乐感。

“气”强而有势，得“韵”而有味。“气”强，作品则浑然天成，生生不息；“韵”成，作品则回味悠长，袅袅不绝。气韵生动，方能既有力，而有神采。

宗白华先生深切体会到，活跃的生命和静穆的观照是艺术的二元。“气”体现活跃的生命，“韵”源于静穆的观照。庄稼在《二十世纪的中国陶瓷雕塑》中指出：“泥趣充满韵律情感，冶陶有梦幻般的发现，这是痴泥者共同的感受。有人认为：诗是文学中的文学，陶瓷是工艺美术的诗；诗贵在意境，制瓷冶陶也贵在意境；诗人总是在自己深刻地感动的时候才进入创作的，陶瓷艺术家也应该像诗人一样，或者说具有诗人的气质、诗人的机敏、诗人的才情、诗人的品性，从而创作出诗一般的佳构。”这个创作的过程，从本质上说，是赋予泥土灵魂的过程，是陶艺家用自己的灵魂去点燃另一个灵魂的过程。所以，在每个陶艺家的作品中，都有一抹温情，都有浓烈的人间烟火气，都能隐约都见到其自身的形象与气质。

庄稼的石湾陶塑，有许多气韵生动的佳作。笔者认为，这个“韵”主要体现在意蕴、留白、肌理、釉色四个方面。

（一）含蕴丰富、寓意深长

“韵”是由内而外生长出来，也是艺术家内涵的体现。庄稼大师提出应“先师造化，后师古人”。他强调：“没有生活的美，就没有艺术的美。艺术的美，美在一个‘浓’字，是更加浓缩、更加提炼的美。”然而，“水有源长流不息，树有根枝叶繁茂，离开生活，艺术无源，离开传统，艺术无宗”。

纵观他的陶塑作品，往往将叙事性和抒情性融为一体，从而营造出别样的意境，留给人无穷的韵味。

他的代表作《弃官寻母》创作于1980年，创作的契机缘于当时大陆对台湾的统战工作，作者借寻母以喻海外游子认祖归宗的情思。

《弃官寻母》

潘玉书和刘传都曾做过《弃官寻母》。潘玉书《弃官寻母》从作品的整体布局看，以虚托实，轻重结合，母子两人的头部和手部作了细腻入微的雕刻；而身体部分则塑造得较为简约洗练，流畅圆润。刘传的《弃官寻母》出色地运用了夸张手法。母子俩的情态一张一弛，相互映照，抑扬有致。

庄稼则另辟蹊跷，他的《弃官寻母》是母子二人分体像，着重表现母子相互辨认的刹那。母亲的神态刻划尤其生动逼真，带着狐疑的母亲正努力地分辨着眼前的儿子，身体欲前又止，手半伸着，人们仿佛听到她疑惑地问："你是寿昌……"仰头视母的朱寿昌，长须是向上飞扬的，和俯身下视的母亲形成了呼应关系。庄稼说："长须的处理带有夸张成分，但有常理依凭，因寿昌猛地扑跪于地，长须便随气流向上扬动。"

此外，《八大山人》也有异曲同工之妙。

八大山人是中国绘画史上一个极具个性化的人物，他原名朱耷，江西南昌人，明末清初画家、书法家，清初画坛"四僧"之一。为明宁献王朱权九世孙，明灭亡后，国毁

《八大山人》

家亡，心情悲愤，落发为僧。他笔下的虫鱼鸟兽经常是白眼向天，一副遗世独立的孤愤状，其于画作上署名时，常把“八大”和“山人”竖着连写。前二字又似“哭”字，又似“笑”字，而后二字则类似“之”字，哭之笑之即哭笑不得之意。要表现这样一个复杂的人物，对于陶艺家来说，颇有难度。庄稼知难而上，成功地完成了这件作品，填补了石湾陶艺史的空白。

庄稼选取的是八大山人坐在大石头上休憩的瞬间，他盘腿而坐，头戴草帽，一幅隐居乡野的打扮，旁边有一只翻着白眼的鸟。这件作品，远观是怡然的，但是，如果近观，你会发现，八大山人的眼神是复杂的，充满了一种揶揄和不屑。这体现了庄大师的功夫，更体现了他探微钩沉的能力，抓住了八大山人复杂的内心，将他的傲骨展现无遗。八大山人有一首题画诗说：“墨点无多泪点多，山河仍是旧山河。横流乱世杈椰树，留得文林细揣摹。”而庄稼则在作品底座上题字：“似笑非哭多傲骨，神鬼妙笔尽超然。”

（二）简洁流畅、含蓄典雅

在艺术作品中，简洁是一种美德。“大道至简，真水无香”，在中国传统的美学体系中，简洁是一个重要的审美向度，贵简淡，不贵浓烈，淡而远，浓而俗。米开朗基罗则说：“只有能从高山下滚下来丝毫不受损的作品才是好作品。”艺术从来都是以少胜多的，至简就是至缛，简洁的美学观念，在很早就成为了庄稼的追求。

《塔吉克姑娘》是庄稼1964年深入新疆体验生活后创作的作品，塑造了一位端庄文静的塔吉克少女，表现了少女特有的娇羞神态，她的左手轻拉头巾欲遮含羞的脸颊和半露的娇嫩明艳的秀脸，他的准确拿捏，使人感到少女的纯真、文静、贤淑和略带稚气的神态。简洁流畅的线条增添了人物身体的修长感，尤其值得一提的是“随类赋彩”的观念，成为他创作的自觉，他选择了金色的结晶釉，通过自然爆花来表现塔吉克少女衣饰的自然质感，非常妥贴，极其华美，这种釉色在灯光下，形成的无数个明暗对比的微部，使得人物更具立体感，给人无穷的回味空间。

《塔吉克姑娘》

1982年创作的《麻姑献寿》，也是一件简洁的佳作。“麻姑”最早见于东晋葛洪所著《神仙传》：东汉时，神仙王方平去拜访朋友蔡经，还请来了麻姑——一位美丽的女子，看起来不过十八九岁的样子，梳着高髻，余发垂到腰际，身穿光彩夺目的天衣，指甲像鸟爪似的。攀谈之中，麻姑自诩曾亲见东海三次变为桑田，蓬莱之水也比她初见时浅了一半，下次再去恐怕要化为陆地了。沧海桑田，不知要几千万年，而她竟已经见过三次，她的年纪简直无法估算了。于是麻姑便成为长寿的象征，与寿星地位相仿。后来，民间传说三月初三为王母祝寿的蟠桃盛会上，麻姑献以绛珠河畔灵芝酿成的美酒作为礼物，这就是“麻姑献寿”的来历。正因为麻姑象征长寿，所以在民间不断被演绎传说，到了明代即有画家作《麻姑献寿图》，作为寿礼。其形象大多为少女，手托仙桃、佛手或酒壶，身边有鹤、鹿为伴，

《麻姑献寿》▶

并有青松、福海为背景。庄稼的作品，对麻姑的形象进一步简化，强化“麻姑献寿”的动作。作品的线条简洁到了极致，正可谓，多一条嫌多，少一条嫌少。身体前倾，一方面强化了“献”的动作，另一方面，将麻姑的身材表现得更加修长。衣饰飘飘欲仙，有“吴带当风”的古韵。青白釉的使用，一方面使肌肤有了通透感，另一方面，又让作品显得稳重。整件作品，如同芙蓉出水，清新怡人。

庄稼创作的动物题材作品并不多见，但也别有韵味。创作于1963年的《小狐狸》选取的是小狐狸低头的一瞬间，像少女一样含羞，将其灵动、可爱、娇媚的特质表现出来，显得晶莹、玲珑，让人生出一种怜爱之意。让人不禁联想起徐志摩《沙扬娜拉》中的诗句:“最是那一低头的温柔，像一朵水莲花不胜凉风的娇羞。”简洁、流畅、圆润的线条，对于尾巴的夸张化处理，显示了他早期对于造型的把握能力。小狐狸的毛发，采用抽象的表现手法，直接用釉彩的肌理变化来表现，浑然天成。该作品虽然只有5厘米，但却活灵活现，很有张力。笔者认为，这是石湾陶艺史上被忽略的一件佳作。

《小狐狸》

（三）肌理起伏、富有质感

上帝藏在细节之中。有评论家指出，罗丹与古代雕塑大师的不同之处就在于他善于利用雕塑作品外表的起伏颤动和高低不等来表现生命的律动。

庄稼的陶塑，也在这方面努力，增强作品的表现力。这就像水面，看似平静，实则起伏，在光的作用下，发生折射，产生了波光粼粼的流动感，这是水的呼吸，富有诗的情韵。

陶塑的生动，并不仅仅只是源自脸部的刻画。线是陶塑内在的韵律，而面是陶塑内在的呼吸，生命的质感，就在线与面的重奏中展开。庄稼对于“线”的追求，使得他的作品继承了中国传统绘画的意韵，简洁、流畅、洒脱、飘逸。而他对于“面”的追求，则使得作品始终处在一种未完成的状态，或者说处在一种等待唤醒的状态，因此他的作品在不同的光线作用下，呈现不同的可能。模糊产生神秘，神秘产生诗意，这就是庄稼作品无穷无尽的魅力所在。这一点，法国诗人里尔克在《罗丹论》中有生动的阐述，他认为“面”是罗丹的艺术的基本元素，是他的宇宙的细胞。他说：“面是由光与物的无数接触组成的。每次接触都与别的不同，每次都有其特殊状态。它们有时仿佛互相迎合，有时却只是羞怯地点头。有时呢，它们互相错过如两个陌生的路人。那里有无限的可能，却无处无生命，无处是空洞无物的。”

1994年创作的《芭蕾之诗》是石湾陶中的一个另类，它展现的是一个芭蕾舞者，为了表现人物的轻盈与飞扬感，庄稼创造了单腿站立的形象，这是经过多次的失败才取得的成果。此外，他对面的追求极其讲究，衣纹和肌肉形成了凹凸面，如水纹一样自然，在灯光的照耀下，这些凹凸面所呈现的明暗变化，让人物获得了轻盈的飞翔感。

《郑板桥》塑造的是庄稼理想中的形象。作为扬州八怪之一的郑板桥，不仅画怪，人也怪。郑板桥在乾隆元年考中进士后，已是43岁，到河南范县和山东潍县当县官，“在任十二年，囹圄囚空者数次，以岁饥为民请赈，忤大吏，遂乞病归。”传说，由于他一再为灾民请愿，要求上司赈济，

《芭蕾之诗》

《郑板桥》

使得上司很恼怒，指责他“事先既不预防、准备，事后又不好好赈济”，甚至诬陷他假借赈灾来贪污舞弊。郑板桥愤然去职，以病乞归，寄居扬州，卖画度日。庄稼对于郑板桥饱经沧桑的脸部的细致刻画，神采奕奕，石榴红的釉彩，堪称完美，另外就是虚实相生的表现手法，衣服的起伏，衣服伏的部分，是肌肉解剖，是实的部分，是具像的部分；衣服起的部分，是人物的气质，是虚的部分，是抽象的部分，两者形成了虚实相生的韵律感，也呈现出人物古拙遒劲、沉雄谲诡的艺术特质。这就是泥趣所在，作品在内容和形式上达到统一，将其嫉恶如仇、狂放不羁的风格呈现出来，将愤懑痛苦与对苍生的同情怜悯的内心呈现出来，如竹一样高洁，如兰一样清雅。

（四）用釉清雅、随类赋彩

在石湾陶塑中，釉彩除了本身富有的美感之外，更是塑造人物的重要手法，它不是简单的衣饰，而是一种情绪，一种意境，一种氛围。

“远”是中国传统的山水画中的一个重要审美因素，强调三远，即“高远”“平远”“深远”，而在庄稼的石湾陶塑中，则体现为“淡远”。石湾陶以釉色出成名，其釉斑驳淋漓，美仑美奂，庄稼在《石湾陶器艺术的历史成就和今后发展方向》中说“石湾传统的釉色给自己的产品披上一件浑厚古拙五彩斑驳的外衣，独具一格地立于世界陶艺之林，它那艳而不娇，华而不俗，粗放中深藏韵秀，浓郁中显露古雅的特色，就是石湾从善仿到独创出自己风格的第一个历史成就。”但庄稼深受道家清朴的思想影响，他的用釉清雅、和谐，以少胜多，营造出清新怡人的意境。随类赋彩是他的又一特点，对他来说，釉不仅是一种装饰，而是人物性格、气质、情感的外化，什么样的人物用什么样的釉，是极其讲究的，既是性格的需要，同时，也是空灵意境营造的需要。此外，他还特别讲究色与色之间的搭配，普通的釉色，经过他的调和，显得十分和谐自然。

作品《四大美人》中的四个美人，个个天色丽质，娇艳可人，为了形成统一的情调与意境，庄稼采用透明釉，柔和莹润，色调清新雅致，清冷、寂寥的意境，就像古筝曲一样，醉人心扉，有着东方式的端庄与温婉的情韵，有着轻盈的呼吸，这缘于对于人物形体的微妙把握，更得益于对人物内在情韵的发现，对于人物命运的同情。

在作品《鉴真东渡》中，我们可以看到庄稼进入一个新的境界，他已经不满足对于动态的捕捉，而是更强调人物内在的意韵，更加含蓄，更有绵长的意味。鉴真何许人也？据史书记载："唐高僧鉴真，本姓淳于，扬州江阳人，年十四出家为僧。稍长，遍游长安、洛阳，寻问名师，专研戒律。唐天宝元年，应日僧普照辈延，东渡日本。然东海风骤浪高，或船覆，或粮匮，或失向，历十二载，五渡

《鉴真东渡》

《女尼》

未成。其时僧目盲，唯志不渝。天宝十二年，竟至日，翌年与奈良东建戒台，授戒法。”袈裟采用的是蓝色，象征着鉴真的海上东渡，此外蓝色还创造了一种禅的意境，清寂、静谧。整件作品和谐生动，富动于静，清气毕现，人物呼之欲出。庄稼着力于脸部的精雕细琢，鉴真双眸深邃，目光中，传递的是一种永不言弃的坚毅，穿越了时空，深深铭刻于观者的心上，脸部的线条圆润，很有佛性，线条方圆间施，流畅洗练，给人一种古拙素朴之感。

随着年龄的增长，庄稼的作品，越来越沉静，越来越注重意境的表达，正所谓，“言不尽而意全足”。1996年创作的《女尼》就是一件大静的作品，作品以素胎制成，给人一种质朴而宁静的感觉。衣纹收放自如，如云展云舒，底部的衣纹，自然摊开，如同水迹一样，线条的节奏，极其柔和流畅。女尼面庞清秀，正准备敲击木鱼，自然而灵动，有着浓郁的静寂禅意，让观者的心，在瞬间安静下来。让人想起诗句：“空门寂寂淡吾身，溪雨微微洗客尘。卧自白云情未尽，任他黄鸟醉芳春。”

三、神

传神是中国艺术的重要特质，最早由顾恺之提出，他认为画“手挥五弦”易，画“目送飞鸿”难。形与神的关系，一直是造型艺术永恒的主题。笔者认为，这个论断，最为精辟的当属东晋名僧慧远，他认为：“火之传于薪，犹神之传于形。”

中国的美学体系与西方的不同，西方强调的观察，是对现实的描摹，而中国强调的是概括，认为传神是一个去芜存精的提炼过程。元代《写像秘诀》：“彼方叫啸谈论之间，本真发见，我则静而求之，默识于心，闭目如在目前，放笔如在笔底。”沈宗骞则认为：“观人之神，如飞鸟过目，其去愈速，其神愈全。”

雕塑的传神，得益于情态、形态、动态的统一。石湾陶塑更将“传神”称为第一要务，庄稼就曾为师傅刘传整理了《传神论》，对传神的方法进行了梳理。与西方的雕塑不同，石湾陶塑在创作时，几乎没有模特儿，或者说，创作时，不依赖于具体的模特儿。这得益于对于生活的细致观察，得益于心象的形成。

在石湾，曾流传着一段奇人佚事。一天，有一个陶艺家喝完早茶回家，在路上碰到两个人抬着一只大箱子，气喘吁吁，大汗淋漓。这个陶艺家觉得他们的神态很有特点，便拿出随身携带的陶泥，做了一件速塑作品，捏出了这两人的神态。他走过一个街口，看到了两个行色匆匆的差衙，原来，有人偷了陶师庙的古铜鼎，他们正四处捉拿。陶艺家说，刚才看到两个外地人，抬了一只大箱子，会不会就是作案者？差衙一听，忙问这两人的长相，陶艺家便把刚才做的速塑作品交给他们，差衙来到东平河边，看到许多人正在等着过渡，他们通过速塑辨认出两个毛贼，并将他们捉拿归案。一时间，速塑破案的故事，成为了一段佳话。

在艺术中，有“性格”的作品，才算是美的。传神的核心是对最能体现性格的“顷刻”的选择。俗话说，人生如戏。每个人的生命都是一部戏剧，具有时间性和空间性。传神的本质，在于对于人生戏剧中“顷刻”的选择，这个“顷刻”既包含着过去，又孕育着未来。法国启蒙思想家德尼·狄德罗则说："画家的笔只有一个顷刻，他不能同时画出第二个顷刻，也不能同时画出两个动作……你可以回顾过去的顷刻或预示即将来到的顷刻，而既不违犯真实，又不破坏欣赏。"对于庄稼来说，他的陶塑作品是在寻找永恒的刹那，更在创造刹那的永恒。这得益于对人物的深度理解。

在石湾陶的创作体系中，有"宜起不宜止"的理论，作品中的人物往往是引而不发，蓄势待发。这其实与西方的理论不谋而合。世界雕塑史上的经典之作，《掷铁饼者》选择的铁饼摆回到最高点、即将抛出的一刹那，有着强烈的"引而不发"的吸引力。虽然是一件静止的雕塑，但艺术家把握住了从一种状态转换到另一种状态的关键环节，达到了使观众心理上获得"运动感"的效果。

以《贞观之治——唐太宗》为例。庄稼着力表现他眉目之间凝重的忧思，表现他纳谏沉思以决大计所引起的内心和神情的瞬间变化。唐太宗也是凡人，也有七情六欲，因此，他的内心是痛苦的，一面是人情，一面是社稷的安危，我们虽然无从了解谏书的内容，但他的表情中，却感受到了谏书的分量，感受到事情的严重性，感受到他对国家的前途感到担忧。

创作于1978年的《张果老》也是一件富有情趣的创新之作。作品的造型是张果老倒骑驴。据传说：张果老是帝尧时代的侍中，到唐初，已活了三千多岁。他出入常乘一匹白驴，每倒骑之，日行万里，休息时，便把这驴像纸一样折叠起来，置于巾箱中，乘则以水喷之，便又成了真驴。古时有诗赞张果老："举世多少人，无如这老汉；不是倒骑驴，万事回头看。"因此，倒骑驴代表着一种朴素的中国哲学和智慧——前看将来，后看往事。果老仙提醒大家，在你向前时看着以前走过的路，别再犯同样的错误。又因前途谁都不清楚，只有总结了以前的经验才能将前途走得更平坦。庄稼为了达到"趣"的效果，将张果老表现得活灵活现，表达了一种闲适与自在的意境，将驴的体积缩小，低头前行，而张果老身体后倾，两条相对的弧线使画面充满了张力。斑斓的釉色，富象抽象的意味，整件作品气韵生动、妙趣横生。

对神的表现，类似于百鸟归巢，细部表达，虽然形态

《张果老》

各异，但都像鸟一样，回到“神”的巢中。对于瞬间的捕捉之外，还有对于瞬间的微妙传达，这涉及到心理学的范畴。在这方面，庄稼极其敏感。顾恺之曰：“四体妍蚩，本无关妙处，传神写照，正在阿睹中。”光是眼神，就是一门大学问，《移情的艺术——论石湾陶塑的人物造型艺术》一文中指出：“因此对眼神的探索均下了很大的功夫，或闭目入定，或瞑目听息，或脉脉含情，或虎视眈眈，或目不转睛，或目光如炬，或醉眼惺忪，或眉开眼笑，或怒目圆睁，或睥睨群雄，或眉目传情，或凝神遐想，或目光犀利，或目瞪口呆，或全神贯注，或慈眉善目，或横眉竖目、目光炯炯，或瞪眼突睛，不一而足，或视、见、觅、瞄、瞅、睹、盼、睇、瞧、眩等等不胜枚举。”这中间，还存有细微的差异，比如，一个母亲打自己的孩子与打别人的孩子，眼神是不同的。因此，眼神中的情感，往往不是单一的，而是一个混合体。正所谓功夫在诗外，除了高超的技法，还要有非凡的感知力。

初唐大画家阎立本的《历代帝王图》所选择的有特征性的细节，主要的是在面部，特别是眼睛和嘴。眼睛除了天生的尖圆长宽等不同外，更可以看出内心的心理状态经常表现的不同，而筋肉因习惯性的动作而形成的特点，嘴部表情或用力，或放松，对这些部位都特别着力地加以刻划。

刘传大师在《论传神》一文提出了许多技法表现的法则，例如对脸部表情刻划、对衣纹动态的处理，提出“平、板、直”“圆、弯、凸”“向上、向下”的十字诀；在刻划人物内心和外表形态上必须注意“内静则外动”“外静则内动”的辨证法；以相对的对比起着衬托及调和的作用，而绝对的对比则起着分散与破坏的作用；在衣纹刻划上要服从“内格”“配合人物的性格与作品的主题”等法则，使作品更突出主题，使之典型化，成为传神之品。

而庄稼则提出了“传神三法”：1．调整比例。根据刻画人物典型性格要求，对人体进行夸大或缩小，突出或削弱，拉长或缩短等艺术处理。例如民间创作口诀中的“文长武短”属于此类。2．特殊强化。在反映主题的关键部位，进行强化艺术处理。如读书的“看”字，醉酒的“酣”字，要做特殊强化。3．加意特写。在作品最引人和最有趣的部位，作特别细腻的处理。

庄稼的作品之所以传神，还在于他对情感的把握，使人物有了温度。所有的艺术都是情感。每一件作品，都是一个情感的旋涡，它将观者卷入其中，沉醉不已。

1984年，庄稼又创作了一件杜甫，他将这件作品起名《杜甫入梓州》，显示了他对这个人物的情有独钟，惺惺相惜。要想读性这件作品，我们必须了解杜甫的生平，他在成都过了一段比较安定的生活，严武入朝，蜀中军阀作乱，他漂流到梓州、阆州，这一段生活的主题是飘零，他写下了《兵车行》，其中有“新鬼烦冤旧鬼哭，天阴雨湿声啾啾”的悲怆诗句。相对《诗圣杜甫》这件作品，更显浓郁、凝重，此时的杜甫，已渐渐老去，独坐在石头上。如果说上一件作品中“忧”多于“愤”，那么这件作品中“愤”多于“忧”。当年的飘逸已不复存在，此时的杜甫显得苍老而痛苦，苦难沉淀在他的每一道皱纹中，心中仿佛有火山爆发。庄稼仅用线条的戏剧性，为我们演奏了一曲荡气回肠的悲歌，给我们留下了难以磨灭的印记。这也是石湾陶艺史上一件了不起的杰作。

他的作品《四大美人》寄托着中国人对于美的四种理解，也是艺术家乐此不疲的创作题材。庄稼1979年创作的《四大美人》紧紧围绕“闭月、羞花、沉鱼、落雁”四个历史典故与意境展开。

“闭月”形容的是貂婵。传说三国时汉献帝的大臣司徒王允的歌妓貂婵在后花园拜月时，忽然轻风吹来，一块浮云将那皎洁的明月遮住。这时正好王允瞧见。王允为宣扬他的女儿长得如何漂亮，逢人就说，我的女儿和月亮比美，月亮比不过，赶紧躲在云彩后面，因此，貂婵也就被人们称为“闭月”了。在作品中，庄稼以举目望月，突出她眉如翠羽、肌如白雪、腰如束素、齿如含贝的美感 。她的目光也含蓄如轻云蔽月，娴静中带着一丝茫然，不禁让人想起诗句：“如花朱颜非吾愿，香消玉殒惹谁怜？”

“羞花”形容的是杨贵妃。传说唐朝开元年间，有一美貌女儿叫杨玉环，被选进宫来。杨玉环进宫后，思念家乡。一天，她到花园赏花散心，看见盛开的牡丹、月季……想自己被关在宫内，虚度青春，不胜叹息，对着盛开的花说：

《四大美人》

“花呀，花呀！你年年岁岁还有盛开之时，我什么时候才有出头之日？”声泪俱下，她刚一摸花。花瓣立即收缩，绿叶卷起低下。哪想到，她摸的是含羞草。这时，被一宫娥看见。宫娥到处说，杨玉环和花比美，花儿都含羞低下了头。“羞花”称号由此得来。为了表现杨贵妃雍容华贵的气质，庄稼选取了“春寒赐浴华清池，温泉水滑洗凝脂”这一个“黄金瞬间”，用半裸的形式来表现，展现其轻熟之美，这创造了石湾陶艺上的先例。圆润饱满的面部，吹弹可破的肌肤，丰韵娉婷的身姿，在光影的作用下，杨贵妃更显得百媚丛生、楚楚动人。

“沉鱼”形容的是西施。传说春秋战国时期，越国有一个叫西施的，是个浣纱的女子，五官端正，粉面桃花，相貌过人。她在河边浣纱时，清澈的河水映照她俊俏的身影，使她显得更加美丽，这时，鱼儿看见她的倒影，忘记了游水，渐渐地沉到河底。从此，西施这个“沉鱼”的代称，在附近流传开来。宋之问歌咏西施的《浣纱篇》写到：“鸟惊入松萝，鱼畏沈荷花。”作品中的西施，临水而坐，对水簪花，杨柳细腰、曲线婆娑，手如柔荑，将西施的纤丽淑婉、轻盈修长表现得淋漓尽致。

“落雁”形容的是王昭君。传说汉元帝在位期间，南北交兵，边界不得安宁。汉元帝为安抚北匈奴，选昭君与单于结成姻缘，以保两国永远和好。在一个秋高气爽的日子里，昭君告别了故土，登程北去。一路上，马嘶雁鸣，撕裂她的心肝；悲切之感，使她心绪难平。她在坐骑之上，拨动琴弦，奏起悲壮的离别之曲。南飞的大雁听到这悦耳的琴声，看到骑在马上的这个美丽女子，忘记摆动翅膀，跌落地下。从此，昭君就得来“落雁”的代称。作品中，王昭君手抱琵琶，身披雪衣，行走在出塞路上，一片依依惜别之情，让人心生怜意。

笔者认为，《四大美人》之所以打动我们，除了高超的技法，还在于庄稼在人物身上投入了情感，这是一种隐约的哀愁。正因为这样，他对待她们的时候，不是带着猎艳的目光，而是人性的观照。他所选择的，都是人物的转折点，自古红颜多薄命，“红颜胜人多薄命，莫怨春风当自嗟”。在男性的社会中，美丽对她们来说，恰恰是灾难的开始。正因为有这样一种感情的投注，《四大美人》才会让我们难以忘怀，让我们深深喟叹。

四、形

石湾陶塑的艺人非常善于学习其他艺术门类，尤其是明清绘画。明清以降，文人画的兴起，更是促进了写意的发展。明代的董其昌有论：“画山水唯写意水墨最妙。何也形质毕肖，则无气韵；彩色异具，则无笔法。”明代徐渭题画诗也谈到：“不求形似求生韵，根据皆吾五指裁。”离形得似，成为一个重要的审美趣味。受此影响，在石湾陶塑历史上，也出现了许多写意的佳作。

罗丹认为："人体是由无数生命的戏剧组成的，这生命到处都可以变得独创而伟大，而且他能够把一个整体的丰盈和独立性，赐给这辽阔的震荡的面的任何一部分。"每一个局部，是敞开的，相互共振，形成和谐的生命韵律，同时，它们又是自足的，有着内部的冲突与张力。

庄稼则认为，石湾陶塑是造型的艺术，单纯的写意，不能完全彰显它的美感，如同中国绘画，有笔而无墨，气韵不生动。他运用了西方雕塑的理论，以极其严谨的态度，对传统的石湾陶塑进行改造，使得其既符合解剖的比例，又有写意的潇洒与韵味。正所谓，"形为依据，神为主导"，"形"源于真实，"神"出于自夸张。有形无神是解剖，形不靠神无意境。因此，他的作品往往结构匀称，严谨而又不失潇洒。

在庄稼看来，对于一件陶塑作品来说，结构至关重要，没有结构，就没有气势，在整体意境的营造上，也将大打折扣。他的作品，往往通过整体感的结构，来营造完整的意境。雕塑作品要有构图的完整性，造型的轮廓要有剪影的效果，雕塑家必须为摄影家给作品一个完美的拍摄镜头。

线条是石湾陶塑最重要的语言，在刻画人物形态中，线条分平、板、直和圆、弯、凸两类。一般来说，平、板、直的线条代表刚强、坚硬、安静，圆、弯、凸的线条代表柔和、运动。忠耿、诚实的人物一般采用圆、弯、凸的线条，机智、精灵的人物一般采用平、板、直的线条，但是，过分强调，又会走向反面，必须"动中有静、粗中有细、起中有伏、强中有弱"，陶艺大师认为线条好像打仗一样，要讲究布防设阵，有大本营，也要有多个小据点，要有主次，上下呼就，左右相连。这样才会有血有肉，才能创造出生动的艺术境界。

1971年的《套马》，庄稼将目光投射到千里之外的蒙古草原，选取蒙古女子套马惊心动魄的一瞬间捕捉下来。挥杆套马是骑手各持一长约3米的竹竿，竿顶扎一绳环，环的大小以能套住马头为宜，是牧民的一项必备的技能。作品中，胎毛技法的使用、肌肉的起伏表现，体现了马儿的壮

庄稼在创作中

硕与矫健。在被套中的一瞬间，马儿扬起马蹄、奋力挣扎，而女子所骑的马，往下低头，俯仰之间，张力顿现。他遵循了刘传大师的“宜起不宜止”的创作理念，将最紧张的一刻展现出来。值得一提的是，作品整体上的一根斜线和飞扬的马蹄，体现出动感与速度，使得这个瞬间富有生机与力度，讴歌了草原人民的幸福生活。

1973年的《风雪巡逻》也是一件佳作，庄稼将西方雕塑的体积感与石湾传统的线条韵味结合起来，用马的神态来表现风雪之大，与人物的神态形成鲜明对比，釉彩丰富、润泽，张弛有度。

《反弹琵琶》则取材于敦煌莫高窟的壁画，但绘画与雕塑，在表现形式上有所不同，庄稼强调了舞者的丰腴与敦实，而作品中像瀑布一样飘落至地的舞衣，是神来之笔，使得雕塑构图完整，通透而轻盈，富有层次和意味，它与舞者的身体形成呼应关系，避免了倾斜的身体所带来的不稳定感，创造出动的幻觉，颇有点曳裁成之趣，蓄势待发，舞者身上的佩饰丁当作响，不绝如缕，仿佛有美妙和乐音即将悠扬响彻。

《诗圣杜甫》是庄稼的代表作之一。石湾艺人曾总结出“文长武短”的艺诀，在这件作品中，庄稼也遵循了这一规律，从形体上，将杜甫塑造得青松一样挺拔。这件作品，类似于中国绘画中的工笔，将精雕细琢表现到了极致。脸部的素胎，尤其能够展现男性坚毅的面貌，通过对肌肉的刻画，对眉宇、眼神、嘴角、衣纹等细部的表现，通过明暗的对比，将杜甫忧国忧民、饱经沧桑的脸庞表现得淋漓尽致，而他侧头的造型，体现出人物的内心的愤怒与傲气，对于唐朝由盛转衰的历史时期，其诗多涉笔社会动荡、政治黑暗、人民疾苦，他不忍目睹，不愿目睹，使人物富有动感。这件作品在衣纹的表现上，可谓出神入化，具有强烈的感染力，釉色选取冰裂白釉，体现人物的高洁与清高，衣纹的线条，则采用了中国古代绘画“十八描”中的中国传统中的“铁画银钩”与“钉头鼠尾”的技法，疏与密、收与放，如同行云流水，飘逸、潇洒、流畅，具有音乐的节奏感，“八月秋高风怒号”，由此，观者仿佛能感受到了烈烈的秋风，这不是季节的秋风，而是时代的秋风，一种侵入肌肤的悲凉。衣饰是具有象征意味的，是人物内心的外露，杜甫的衣物在风中翻卷、纠缠，正是人物沸腾的内心的外化，是对“朱门酒肉臭，路有冻死骨”的深深忧愤。整体来看，作品神形兼备，既对杜甫的外貌有细致入微的描绘，又对杜甫的“笔落惊风雨，诗成泣鬼神 ”的怜悯气节有着高度的概括提炼，整个作品宛若天成，给人强烈的审美冲击，达到了石湾陶艺在文人题材的全新高度，这个高度，至今仍无人逾越。该作品参加全国工艺美术展览并被评为“中国工艺珍品”，入藏中国工艺美术珍宝馆。

在石湾陶塑中，衣纹是极其重要的元素，欣赏一件陶塑，往往先看脸部，再看衣纹，然后是釉色，最后才是手足等细部。陶塑中的衣纹，借衣纹折叠、线条流动来表现人物，类似于中国画中的线，一般来说，它有四层作用，一是表现体积感，和西方的雕塑不同，石湾陶塑往往是以线塑形，特别强调线的表现力，线运用得好，才会形神兼备，气韵生动。二是表现人物内在的情感，线条是特质的，同时也是精神的，充满了情感，充满了灵性，线条的疏密、聚散，都不是随心所欲的，而是人物内心的外化。三是表现人物的特征与气质，衣纹本身带有符号的价值，帝王、文人、武夫、仕女，身份不同，衣服的质感自然也大不相同。四是整体意境的营造，线条作为一种独特的节奏，既是自足的，也是敞开的，它是意境组成的重要元素，可以带我们深入生命节奏的核心。

正如宗白华在《论素描》中说：“抽象线纹，不存于物，不存于心，却能以它的匀整、流动、回环、屈折，表达万物的体积、形态与生命；更能凭借它的节奏、速度、刚柔、明暗，有如弦上的音、舞中的态，写出心情的灵境而探入物体的诗魂。”

简洁流畅是庄稼陶塑中衣纹的重要特色，因为简洁，所以古朴，因为流畅，所以自然。他的衣纹，类似于中国画中的骨法用笔，廖廖几笔，便可抒发胸中逸气，便可让人物生气盎然，极具表现力。线条是生命飞扬的韵律，可以说，他的线条，运用到了极致，达到惜线如金的程度，多一根太多，少一根太少。

工者，无微不至，意者，超然象外。庄稼的作品大多是工写结合，巧拙间施，在面部的表现上，往往是用工笔的方式，细致入微，一丝不苟，而在衣纹的表现上，往往是写意的，他的陶塑作品中的衣纹绝不等同于现实中的衣纹，是对现实的概括和抽象，所表现是他的心象。工笔与写意的结合，使得作品获得了内在的张力，是另一种意义上的虚实相生。

第四章 精品赏析

爱莲（1953年）

周敦颐（1017—1073），字茂叔，汉族，宋营道楼田堡（今湖南道县）人，北宋著名哲学家，是学术界公认的理学派开山鼻祖。“两汉而下，儒学几至大坏。千有余载，至宋中叶，周敦颐出于舂陵，乃得圣贤不传之学，作《太极图说》《通书》，推明阴阳五行之理，明于天而性于人者，了若指掌。”《宋史·道学传》将周子创立理学学派提高到极高的地位。

作品塑造的是宋代著名理学家、文学家周敦颐的形象。周敦颐席地而坐，头微向上仰，手拿一柄未开的莲花，造型精美，衣纹流畅；脸部刻画细腻传神，栩栩如生，衣服施哥釉，鲜艳温润。

刘伶醉酒（1959年）

传说杜康在白水康家卫开了一个酒店。东晋“竹林七贤”中的名士刘伶，以饮酒闻名天下。一天，刘伶从这里路过，看见酒店门上贴着一幅对联：“猛虎一杯山中醉，蛟龙两盅海底眠”。横批：“不醉三年不要钱”。刘伶看了，不禁哈哈大笑，心想，我这个赫赫有名的海量酒仙，哪里的酒没吃过，从未见过这样夸海口的。且让我把你的酒统统喝干，看你还敢不敢狂？接着，刘伶进了酒店，杜康举杯相敬。谁知，三杯下肚，刘伶只觉天旋地转，果然醉倒了，跌跌撞撞地回家去，一醉三年。三年后，杜康到刘伶家要酒钱。家人说，刘伶已死去三年了。刘伶的妻子听到杜康来讨酒钱，又气又恨，上前一把揪往杜康，哭闹着要和杜康打人命官司。杜康笑道：“刘伶未死，是醉过去了。”他们到了墓地，打开棺材一看，刘伶醉意已消，慢慢苏醒过来。他睁开睡眼，伸开双臂，打了一个大呵欠，吹出一股喷鼻的酒香，得意地说：“好酒，真香啊！”

庄稼选取了刘伶喝醉后，斜躺在酒缸上酣睡的场景，整件作品，全以素胎，不施釉彩，并将酒缸抽象化，与人物融为一体，线条刚健有力，既有石湾陶写意的传统韵味，又有西方雕塑大师亨利·摩尔的整体雕塑意味，离形得似，以此来体现超然的魏晋风度，古拙而有意趣，已经可以看出他不拘古，力求创新，是一件耐人寻味、回味悠长的佳作。

塔吉克姑娘（1964年）

塔吉克女青年喜穿红色或装饰花边的大紫、大绿色调的连衣裙。腰身贴体，裙子宽大。上身套皮装或棉装翻领短装，头上戴花圆形羔皮帽，足穿皮靴，骑上骏马，与男青年并驾齐驱，英姿飒爽。颇有古代巾帼英雄的风貌。

这件作品造型简洁流畅，动中寓静，通过对姑娘神态动作的刻画，将其羞涩表现得出神入化。釉色把塔吉克姑娘的服饰色彩甚至纹理表达出来，是石湾窑釉彩绚丽的充分体现。

试针（1972年）

赤脚医生，是20世纪60—70年代“文化大革命”中期开始出现的名词，指一般未经正式医疗训练、仍持农业户口、一般情况下“半农半医”的农村医疗人员。

当时赤脚医生的来源主要有三部分：一是医学世家，二是高中毕业且略懂医术病理，三是一些是上山下乡的知识青年。赤脚医生为解救中国一些农村地区缺医少药的燃眉之急作出了积极的贡献。

1968年9月，《红旗》杂志发表了一篇题为《从“赤脚医生”的成长看医学教育革命的方向》的文章，1968年9月14日，《人民日报》刊载。随后《文汇报》等各大报刊纷纷转载。“赤脚医生”的名称走向了全国。

作品成功塑造了一个云南傣族地区的赤脚医生，为了最大限度表现人物，庄稼精心提炼，选取了赤脚医生为减轻病人的痛苦提高医术给自己试针这一生活细节。人物头扎布巾，腰束布带，淡绿色上衣，淡蓝色长裙，釉色清新和谐。尤其是裸露的少女手臂，娇嫩欲滴，充满了青春的光泽和弹性。作品造型自然，人物面容清秀，神态自如，形神兼备，既有时代特质，又富含艺术的感染力。

四大美人（1979年）

西施、王昭君、貂蝉、杨玉环并称为中国古代四大美女，其中西施居首，是美的化身和代名词。四大美女享有“沉鱼落雁之容、闭月羞花之貌”。

这一组作品，造型生动、比例匀称，神情温婉端庄，釉色古朴清雅、线条简洁流畅，既和谐统一又各具风韵，优雅秀美，丰姿绰约，未用一笔写景，却创造出美妙的意境，沁人心脾、令人心醉，既给人愉悦的视觉体验，又给人丰富的情感体验，是一曲荡气回肠、凄美悲恻的挽歌。

浙江美术学院著名雕塑家、我国动物瓷塑奠基者周轻鼎先生对这组作品十分赞赏，曾作诗一首。诗这样写道：“贵妃焉知愧羞花，昭君雁遇落平沙；貂婵拜月月深隐，鱼避西施正浣纱。”

葫芦仙（1979年）

1979年创作的《葫芦仙》为了使作品更聚气，采取了曲腰的姿态，人物头部采用特写，表达出一个“趣”字，而回旋人物动态线，技艺精湛，为业界所称道。

李白醉草吓蛮书

（1979年）

《李谪仙醉草吓蛮书》是一篇具有里程碑意义的集李白传说故事之大成的力作。小说集中展现了李白超常的才华、酷爱自由的个性、蔑视权势小人的傲骨和淋漓酣畅的诗酒精神，同时，小说也在社会政治的层面上展现了一个关心时政、为民做主、具有悠远见识的李白。故事情节极具戏剧性、传奇色彩，读来情节曲折、引人入胜，人物形象跃然纸上。

作品抓住李白不畏权贵的傲骨这一核心气质来塑造人物，一手持笔，一手挽衣，神情凝重，有一挥而就的豪气。人物脸部的胎泥，色泽酱黑，一改白面书生的形象，展现李白"笔落惊风雨，诗成泣鬼神"的惊人才华。釉色采用冰裂釉，展现李白的书生逸气，美髯飘拂，造型圆浑，衣纹极其简练，将焦点聚集在脸部，动作的强化，使作品韵味无穷。

黄石公（1979年）

黄石公（约前292—前195），秦汉时人，后得道成仙，被道教纳入神谱。据传黄石公是秦末汉初的五大隐士之一，排名第五。《史记·留侯世家》称其避秦世之乱，隐居东海下邳。其时张良因谋刺秦始皇不果，亡匿下邳。于下邳桥上遇到黄石公。黄石公三试张良后，授与《素书》，临别时有言："十三年后，在济北谷城山下，黄石公即我矣。"张良后来以黄石公所授兵书助汉高祖刘邦夺得天下，并于十三年后，在济北谷城下找到了黄石，取而葆祠之。后世流传有黄石公《素书》和《黄石公三略》，《素书》是以道家思想为宗旨，集儒、法、兵的思想发挥道的作用及功能，同时以道、德、仁、义、礼为立身治国的根本、揆度宇宙万物自然运化的理数，以此认识事物，对应事物、处理事物的智能之作。

作品为塑造了一位仙风道骨的隐士形象，造型整体不枝不蔓，黄石公长袍裹身，双手置于袍内，让我们感受到一个黑暗时代的切肤寒意。他眉头紧锁，忧心忡忡，凝视前方，目光深邃，有着阅尽百态的睿智，又有着体恤苍生的悲悯。其著作《素经》搁于脚边，焦急地等待济世的良士。作品通体施淡蓝釉彩，线条古朴流畅，块面转折自然，意境深远，浑然一体，宛如天成。

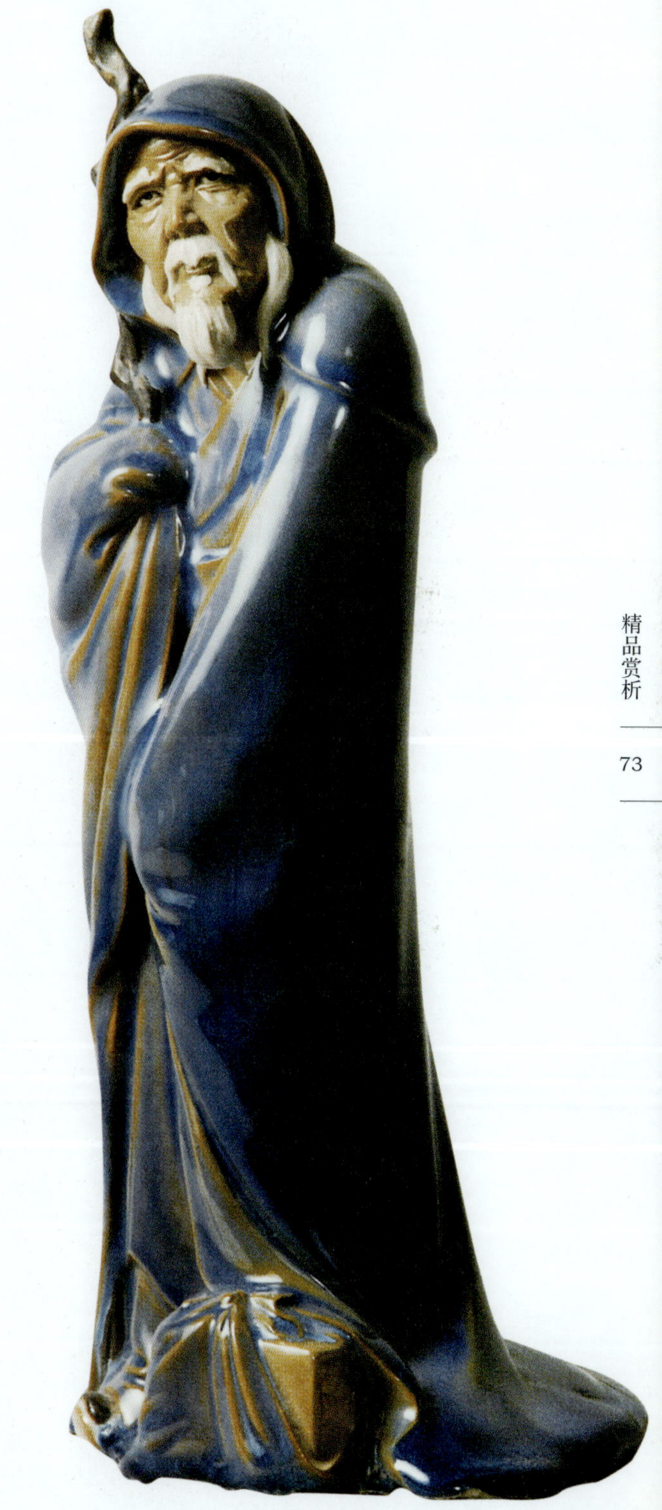

反弹琵琶（1981年）

《反弹琵琶》是敦煌壁画《无量寿经变》的局部，系中唐作品。反弹琵琶是敦煌绘画中艺术表现手法最具特点的画面，也代表了敦煌艺术的最高绘画水准，其绘画色彩和舞蹈动作明显带有西域少数民族的特点，是盛唐时期对外交往的友好见证。

作品中，舞者出胯旋身，左手执琵琶，右手反转脑后用力拨弦，摇曳生姿，别有清韵。舞者面容秀美，形体丰腴，不施釉彩，在光线的作用下，呈现圆润饱满的肌肤质感，风华绝代。衣饰华丽、充满异域风情，舞带飘逸、线条流畅、明快飞扬，热烈而奔放、劲健而舒展、迅疾而和谐，让人回味无穷。

吕洞宾（1981年）

吕洞宾，原名吕嵒，字洞宾，以字行，道号纯阳子，绰号回道人，蒲州河中府（今山西芮城永乐镇）人。吕洞宾为天下道教主流全真道祖师，是汉族传说中著名的仙人及道教的八仙之一。无论在道教还是在民间信仰，都具有极其重要的地位。吕洞宾于唐德宗贞元十二载丙子年（796）农历四月十四生于蒲州河中府永乐县龙泉村（今山西省芮城县永乐县招贤村），五恩主之一、五文昌之一、道教全真派北五祖之一，全真道祖师，钟吕内丹学派。同时也是托梦之神、科考之神、文具之神、淘金之神、理发之神，亦有医神、武神与财神的性质。吕祖信仰昌盛于唐，鼎盛于明清，民国后极衰弱。是民间信徒最多的三位之一，古人云佛道中惟观自在（观世音），仙道中惟纯阳子（吕洞宾），神道中惟伏魔帝（关帝）。是民间超越智慧、超越慈悲的代表。

作品意境取自诗句“终期凤诏空中降，骑虎乘龙谒紫霞”。作品中，吕洞宾骑虎而坐，矮脚虎健壮而凶猛，缓缓前行，吕洞宾一身素衣，目光炯炯，透着威仪，一手置于虎背，一手自然搁于膝上，姿势潇洒自然，美髯随风飘拂，神采飞扬，气宇非凡，造型古朴，神形兼肖。仙风道骨的形象栩栩如生，吐气云生的气势呼之欲出。

笑仙（1981年）

作品中，笑仙盘腿而坐，双手抱于膝前，身子后仰，笑得见牙不见眼，造型生动，对“笑掉大牙”这一瞬间的捕捉十分到位，宛如天成，仿佛有爽朗的笑声传出。笑仙袒胸露乳，衣纹繁复，却流畅轻盈，衣服施以石榴红釉，古拙浑厚，在光线的作用下，颇具感染力，身上的每一块肌肉都在微笑。“笑一笑，十年少”，庄稼用自己的作品提醒世人，要乐观豁达，达到尘劳迥脱的境界。

弃官寻母（1982年）

《弃官寻母》讲述了宋代的孝子朱寿昌的孝行，此为《二十四孝》中的第二十三则故事。朱寿昌年七岁，生母刘氏为嫡母所妒，出嫁。母子不相见者五十年。神宗朝弃官入秦，与家人诀誓：不见母，不复还！行次于同州，得之。时母七十余。七岁离生母，参商五十年。一朝相见面，喜气动皇天。

作品着重表现母子相互辨认的刹那。母亲的神态刻划尤其生动逼真，带着狐疑的母亲正努力地分辨着眼前的儿子。在人体的造型上，吸收了西洋美术注重人体解剖结构的特点，动态精确，符合人体比例，适合现代人的欣赏趣味。而捏塑的表现手法，则既有传统石湾陶艺以线显形、以线传神的特点，又借鉴了西洋雕塑以块面结构来构筑作品的风格，将流畅轻灵的线条感和雄阔粗犷的体积感自然地糅合于一体。作品参加全国工艺美术展览并被评为“中国工艺珍品”。

怀素书蕉（1982年）

怀素是中国历史上杰出的书法家，他的草书称为“狂草”，用笔圆劲有力，使转如环，奔放流畅，一气呵成，和张旭齐名。他勤学苦练的精神是十分惊人的。因为买不起纸张，怀素就找来一块木板和圆盘，涂上白漆书写。后来，怀素觉得漆板光滑，不易着墨，就又在寺院附近的一块荒地，种植了一万多株的芭蕉树。芭蕉长大后，他摘下芭叶，铺在桌上，临帖挥毫。由于怀素没日没夜地练字，老芭蕉叶剥光了，小叶又舍不得摘，于是想了个办法，干脆带了笔墨站在芭蕉树前，对着鲜叶书写，就算太阳照得他如煎似熬；刺骨的北风冻得他手肤迸裂，他还是在所不顾，继续坚持不懈地练字。他写完一处，再写另一处，从未间断。这就是有名的怀素芭蕉练字。

作品构思精巧，庄稼通过移花接木的方式，让怀素一手执笔站在芭蕉树之上，造型准确，动静相宜。怀素脸部的表情，细致入微，屏息凝视，眉峰如聚，着力刻画他落笔之前的忘我状态和恢宏气势，线条刚柔间施，简洁洗练，将怀素“运笔迅速，如骤雨旋风，飞动圆转，随手万变，而法度具备”的潇洒与率性展露无遗。

与君同寿——彭祖（1982年）

在我国传说的寿星中，彭祖活了八百岁，是位最长寿的老人。根据《国语》和《史记》的记载，彭祖是确有其人的，而且以长寿著称。晋代医学家葛洪撰写的《神仙传》中还特别为彭祖立传。书中说彭祖在殷末时已活过七百岁不老，殷王特请他介绍长寿之道。

作品中的彭祖，已足有八百岁，他身体微驼，一手持杖，另一手伸出拇指和食指示意自己的年龄。庄稼着力于脸部的细致勾画，彭祖的须眉虽似白雪，但却不见老态，反而是老当益壮，容光焕发，神采奕奕。釉色选用冰裂釉，象征彭祖生活的清淡简朴，衣纹舒缓，衣服宽大，与彭祖乐观豁达的心态相映成趣。

玄坛献宝（1983年）

玄坛真君赵公明原是道教的冥神，是五大瘟神之一，但也能驱雷役电，呼风唤雨，除瘟禳灾。至明代，在《封神演义》中被姜太公封为“金龙如意正一龙虎玄坛真君”，管辖招宝、纳珍、招财、利市四神，才真正成了一位财神爷，并很快为民间百姓接受，被尊为正财神。传说他被剜去双目，不会用势利眼看人，故由他分配民间的财富最为公平，被称为“公正财神”。在民间诸神中，最为显赫的当数赵公明。

赵公明讲信用、扶贫助困、学道修行、和美处事、善于隐讳，集众多美德于一身。作品中的赵公明右手举银鞭，左手托金元宝，坐在黑虎背上。庄稼利用局部夸张的手法，将赵公明的“黑面浓须”表现得豪放泼辣、淋漓尽致。衣纹苍劲古朴，转折生动。此外，老虎已被驯服，显得温顺可爱。该作品寄寓了一种美好而朴素的愿望。

诗圣杜甫（1983年）

杜甫（712—770），字子美，河南巩县人，自号少陵野老，杜少陵，杜工部等，是我国伟大的现实主义诗人，为我们留下了1500多首诗歌（一生作诗3000多首）。这些诗歌像一面镜子，广泛深刻地反映了“安史之乱”前后，唐代社会由盛而衰的真实历史面貌。他的诗歌自唐以来，即被公认为“诗史”，诗人本人也被看作一代诗宗，被尊为“诗圣”。在艺术上，力倡“转益多师”，注意吸收融合各家之长，又坚持“别裁伪体”的批判精神，成就极高，以律诗和古体见长，具有“沉郁顿挫”的独特的艺术风格。

这件深沉激越的作品取材于杜甫的“乐府诗”《兵车行》的主题思想，塑造了在连年战争背景下的杜甫逆风前行，双眼仰望天空，眼神中表露出他悲天悯人，忧国忧民的情感，十分传神。衣纹如神来之笔，与内心相得益彰，翻卷的衣纹，热烈、肆意，犹如情感的火焰喷涌而出，堪称石湾陶塑的经典之作。

贞观之治——唐太宗（1984年）

唐朝的贞观之治，四海昌平，宪章整饬，社会之秩序大备。西域诸国，皆来朝贡，其威令所及，殆亘全亚细亚大陆之半。这与唐太宗开明的治国思想、治国的政策和措施密不可分，正基于此，官场才会有一股清明之气，国家的发展也才能够如日中天。庄稼对这位帝王中的帝王一直心存敬意，一直在构思这样一件作品，填补石湾陶艺史上这一人物形象的空白。

为此，他对历代的唐太宗的文献和画像进行研究，《步辇图》《唐太宗立像轴》《唐太宗纳谏图》《唐太宗半身像轴》等传世名作，均是他研究的对象。

他发现，“纳谏”是唐太宗治国成功的重要原因，据史书记录，贞观三年，太宗谓司空裴寂曰：“比有上书奏事，条数甚多。朕总粘之屋壁，出入观省。所以孜孜不倦者，欲尽臣下之情。每一思政理，或三更方寝。”而在众多的谏官之中，魏征是代表，唐太宗曾将自己比作矿石中的金子，把魏征比作良匠，认为只有经过良匠的反复锤炼才能成为宝器。经过长期的研究与揣摩，到了1983年，庄稼终于寻找到了一个人物的“黄金瞬间”，来展现他非凡的气度和人格魅力，开始创作《贞观之治——唐太宗》。

整件作品，真气充盈、形神兼备、动静相宜、呼之欲出。对于人物的深度理解，对于人性两难状态的巧妙捕捉，以及纯火纯青的表现手法，使得该作品载入了石湾陶塑史的经典册页。

陶艺大师刘泽棉认为：“此作是庄稼的代表作之一，作品通过对那双明亮的眼睛和严肃认真的脸容刻画，充分表现出纳谏沉思以决大计所引起的内在神情变化的瞬间形态，突出表现了这个历史人物的个性。红釉在龙窑煅烧中发生窑变现象，是一件难得的陶塑珍品。”

庄稼之子庄阳认为：“作品着力刻画李世民的雄才伟略的形象，身材魁伟威严，动作洒脱矫健，人物脸相塑造在史书记载的基础上，结合西洋雕塑美感手法，把李世民的脸相五官比例恰到其分地雕刻，丹凤眼、高鼻梁、宽鹰勾鼻，方形嘴唇、敦厚的国字脸，凹凸起伏点到为止，神情精妙绝仑。作者在创作的过程中，也贯穿着自己的雄心壮志，务求使自己的思想与作品的灵魂相通。”

钟馗嫁妹（1985年）

唐朝进士钟馗有个同乡好友杜平，为人乐善好施，馈赠银两助钟馗赴试。钟馗高考得中头名状元，因面貌丑陋而被皇帝免去状元，一怒之下，撞阶而死。跟他一同应试的杜平便将其隆重安葬。钟馗做鬼王以后，为报答杜平生前的恩义，遂亲率鬼卒于除夕时返家，将妹妹嫁给了杜平。这就是著名的“钟馗嫁妹”。

作品的塑造手法是利用透视的立体感，从下往上看，头很小、腿很长、脚很大，这是反石湾的传统陶艺创作方法，特别而怪异，但是又很得意生动，人物形象塑造十分成功。

黄帝（1985年）

黄帝（前2717—前2599），古华夏部落联盟首领，中国远古时代华夏民族的共主。五帝之首。被尊为中华“人文初祖”。据说他是少典与附宝之子，本姓公孙，后改姬姓，故称姬轩辕。居轩辕之丘（今河南新郑），号轩辕氏，建都于有熊，亦称有熊氏。也有人称之为“帝鸿氏”。史载黄帝因有土德之瑞，故号黄帝。黄帝以统一华夏部落与征服东夷、九黎族而统一中华的伟绩载入史册。

作品为黄帝坐像，面容庄严，炯视远方，稳如泰山，与“九五之尊”的地位十分匹配。釉色为石榴红釉，浑厚滋润，线条苍劲有力，富有金石意味。黄帝的神情威武、睿智、慈祥、庄严、神圣，集“亲者、尊者、师者、神人、仙人”诸多品格于一身。

仿唐簪花仕女（1986年）

《簪花仕女图》是贵族妇女的生活写照。这幅画上共绘就6位丰颊厚体的贵妇，她们打扮艳丽入时，云髻高耸，顶戴的折枝花朵皆不相同，脸上又晕染娥眉，衣饰华丽，身着低胸长裙，外罩薄纱，显出半透明的质感，是中晚唐时期典型的贵妇形象。

簪花仕女是唐代大画家周昉的传世之作，庄稼则以陶塑的方式，进行再度创作，开创了石湾陶塑的题材先河。作品中的仕女头戴荷花、蛾眉杏眼、颊颐双丰、神态安然、丰满圆润、衣纹舒展自如、繁而不复、线条圆润有力、古朴典雅，釉色则深得唐三彩之妙韵，再现了唐朝贵妇雍荣华贵的气度，步步春色，款款闲情，是一件不可多得的佳作。

汉武帝（1989年）

汉武帝刘彻生于公元前156年8月10日（农历汉文帝后七年七月初七），公元前141年3月21日登基。刘彻的母亲王娡进宫前曾嫁作金家妇，生有一女。刘彻的外祖母听了算命的话，将她从金家带走，进与皇太子刘启，也就是后来的汉景帝。刘彻小名刘彘。刘彻4岁被册立为胶东王，7岁时被册立为太子，16岁登基，在位54年（公元前141年3月21日—公 元 前87年3月29日），死于公元前87年3月29日（后元二年2月14日）。

汉武帝开创了西汉王朝最鼎盛繁荣的时期，那一时期亦是中国封建王朝第一个发展高峰。他的雄才大略、文治武功，使汉朝成为当时世界上最强大的国家，他也因此成为中国历史上伟大的皇帝之一。此外，汉武帝是中国第一个使用年号的皇帝。

该作品由庄稼与爱子庄阳合作完成，被中国国家博物馆收藏。作品由庄阳起稿，庄稼作细部刻画。作品为汉武帝立像，作品的成功，首推气势，作品中，汉武帝头戴冕流，胡须飘然，气宇轩昂，目光深邃。釉色浑厚，与汉武帝的尊贵身份相得益彰。衣纹刚劲有力，块面转折自如，处处折射出他的雄才大略。“盛气当阳，雄才御世。嘉乐唐虞，狭小汉制。振举百度，征伐四裔。烨烨明明，恢我王治。”这件作品，将汉武帝的风度，展露无遗。

持杖罗汉（1989年）

罗汉一手持杖，一手藏于衣中，造型简洁，不枝不蔓。脸部刻画细致入微，饱经沧桑，刚健有力，目光深邃，慈祥静穆，有通察大千之感。衣纹流转自如，折纹叠皱层次分明，富有质感，梵味十足。

升平乐（1993年）

钟馗在中国传统文化中被称为“赐福镇宅圣君”，声名显赫，在民间享有极高声望。老百姓借助钟馗镇宅驱鬼，祈福纳祥。民间传说他系唐初终南山人，生得豹头环眼，铁面虬鬓，相貌奇丑；但很有才华，满腹的经纶，且为人刚直，不惧邪祟，擅长驱妖捉鬼。

民间传说中的钟馗，大概是诸神中最丑的，脸如黑炭，眼如铜铃，作品一改传统中凶神恶煞的钟馗形象，大胆创新，选取钟馗降魔之后，像孩童一样的开怀形象，手舞足蹈，憨态可掬，充满喜感。眼睛生动，动作夸张，衣纹须眉，豪放泼辣，张弛有度，妙趣横生。该作品是庄稼的代表作之一，被中国国家博物馆收藏。

孔明（1994年）

诸葛亮（181—234），字孔明，东汉末期徐州琅琊阳都（今山东省沂南县）人，三国时期蜀汉丞相，中国历史上著名政治家、军事家、发明家。青年时耕读于南阳郡，地方上称其卧龙、伏龙。后受刘备三顾茅庐邀请出仕，对促成孙刘联盟和建立蜀汉政权起到了决定性的作用。刘备死后，诸葛亮受封爵位武乡侯，任蜀国丞相，辅佐刘禅，成为蜀汉政治、军事上的实际领导者。先后五次率军北伐曹魏，在第五次北伐时病逝于五丈原，追谥为忠武侯。后世常尊称诸葛亮为武侯、诸葛武侯。

诸葛亮一生“鞠躬尽瘁、死而后已”，是中国传统文化里忠臣与智者之代表。庄稼的这件作品中，诸葛亮手摇羽扇，神情专注，攫取了他运筹帷幄，决胜于千里之外的历史瞬间。作品线条洗练，富有概括力，通体施蓝釉，充斥着超凡脱俗的清逸之气。

芭蕾之诗（1994年）

创新是庄稼永恒的追求，他一直在寻找新的突破。为了突破石湾公仔造型“上轻下重”的传统，他经过10多次的实践试验，找到了最佳的支撑点，成功创作和烧制了表现少女足尖独立，婀娜多姿地跳《天鹅湖》的《芭蕾之诗》，开创了石湾人物陶塑依靠单脚支撑全身的先例。

释迦牟尼（1995年）

释迦牟尼（约前624－前544，一说前564－前484），原名悉达多·乔达摩。古印度释迦族人，生于古印度迦毗罗卫国（今尼泊尔南部）。本为迦毗罗卫国太子，父为净饭王，母为摩耶夫人。佛教创始人。成佛后被称为释迦牟尼，尊称为佛陀，意思是大彻大悟的人；民间信仰佛教的人也常称呼佛祖、如来佛祖。

塑像中，释迦牟尼双腿盘坐，右手放在足上，为施愿印，左手举起，为施无畏印。面容端庄温顺、慈善安详。细部制作十分考究，连手指上都充盈着普渡众生的佛光。庄稼吸收了东方佛像的神韵，又吸引了石湾陶塑的特色，头部圆满而秀丽既有男性的庄严，又略带女性的慈和，可谓匠心独具。

文成公主（1996年）

文成公主，在吐蕃被尊称为汉女氏，唐朝和亲公主，吐蕃赞普松赞干布的第二位皇后（第一位皇后尺尊公主来自今尼泊尔）。本是唐朝皇室远支，于640年奉唐太宗之命和亲吐蕃，文成公主对吐蕃贡献良多，传说布达拉宫即为松赞干布为迎娶文成公主所建。贞观十五年（641），江夏郡王、礼部尚书李道宗护送女儿文成公主入吐蕃，以等身十二岁释迦牟尼像、珍宝、经书、经典360卷等作为嫁妆。松赞干布从逻些（今西藏拉萨）赶到柏海迎接，唐封他为驸马都尉、西海郡王。在之后的松赞干布在位期间，吐蕃与唐没再发生战争。

文成公主是和平与幸福的使者。作品中的文成公主手持文牍，脸型圆润，身材匀称，知书达理，朴素大方，举手投足之间，既有公主的高贵气质，又有爱民如子的亲和力，人物衣纹柔和宛转，神情淡定，柔弱中带着坚毅，手法含蓄，用外静表现内动，仪态万方，风韵十足。

施露观音（1996年）

观音菩萨，是“南无大慈大悲救苦救难广大灵感观世音菩萨摩诃萨”的简称，是四大菩萨之一。因观世音菩萨曾经发愿，任何人在遇到无论任何灾难时，只要一心虔诚念诵观世音菩萨的圣号时，即会得到观世音菩萨的救度——“观其音声，皆得解脱”，因此，名为“观世音菩萨”。她相貌端庄慈祥，经常手持净瓶杨柳，具有无量的智慧和神通，大慈大悲，普救人间疾苦。观世音菩萨是中国民间流传最广泛的人物，形象遍布全国各地的寺庙之中，绘画、雕塑及许多工艺品中也有其形象，她集智慧、慈悲、救苦救难、真善美于一身，到处都受到人们的爱戴和尊重。

观音右脚踩莲花，左脚盘起，左手托净瓶。脸部温润秀美，笑意微含，如莲花含苞待放，神情安详，尽现慈蔼悲悯，衣纹如行云流水，飘然若生，手部清圆秀朗，是善与美之化身。

庄稼创作了多件以“观音”为题材的作品。他所塑造的观音形象，端庄秀美，简雅素净，通过将神人化，给人一种慈祥可亲的感觉。作品既强调宗教的庄重，又注重艺术的美感，衣饰素洁，一尘不染，衣纹圆转，垂落自然，将大慈大悲的精神，转化成一种自在安详的情感，给人抚慰，涤荡人心。

拓荒牛（1996年）

拓荒牛，吃苦耐劳，肯干实干，不空谈，重行动，是改革开放中创业者的象征。

作品塑造的是一头脚踏草地，充满力量奋力前行的黄牛。牛头微向右，右脚提起，表现了正准备向前踏步的动作过程；动中有静，静中带动，显示了牛所具有的活力，具有强烈的艺术效果。造型精美、线条流畅、釉色亮丽、浑厚朴实、形神兼备、栩栩如生。

黄大仙（1996年）

黄大仙名初平，因在赤松山修炼成仙故又号赤松子，晋成帝咸和三年（328）8月13日生于现中国浙江省金华县兰溪市，原是当地的一名小孩，8岁开始牧羊，牧至15岁时在山中遇神仙广成子，见他聪颖善良忠厚，于是带至金华赤松山石室洞中学道。从此初平绝弃尘世追求，潜心修行。积世累功逾40年，终修得正果，后世称为黄大仙，著名道教神仙。

黄大仙身着道袍，盘腿而坐，左手抬起作剑诀手势，右手执拂尘。作品不施釉彩，清简古朴，美髯飘逸，庄重慈祥，衣纹聚散有致，繁而不缛，线条刚柔相济，自然流畅，充盈着超凡脱俗的仙气。

华佗(1997年)

华佗字元化，又名旉，汉末沛国谯(今安徽亳州)人，是三国著名医学家。少时曾在外游学，钻研医术而不求仕途。他医术全面，尤其擅长外科，精于手术，被后人称为“外科圣手”“外科鼻祖”。他曾用“麻沸散”使病人麻醉后施行剖腹手术，是世界医学史上应用全身麻醉进行手术治疗的最早记载。又仿虎、鹿、熊、猿、鸟等禽兽的动态创作名为“五禽之戏”的体操，教导人们强身健体。后因不服曹操征召被杀。

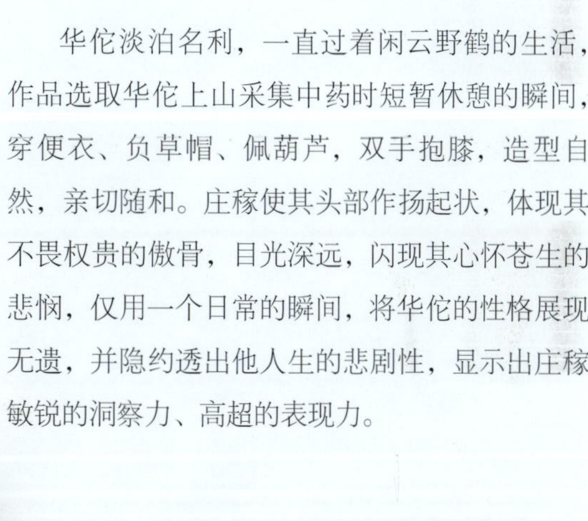

华佗淡泊名利，一直过着闲云野鹤的生活，作品选取华佗上山采集中药时短暂休憩的瞬间，穿便衣、负草帽、佩葫芦，双手抱膝，造型自然，亲切随和。庄稼使其头部作扬起状，体现其不畏权贵的傲骨，目光深远，闪现其心怀苍生的悲悯，仅用一个日常的瞬间，将华佗的性格展现无遗，并隐约透出他人生的悲剧性，显示出庄稼敏锐的洞察力、高超的表现力。

醉李白（1997年）

李白性爱喝酒，每日能与酒友们在喝酒之中玩乐，唐玄宗喜好诗词曲乐，想要造乐符新词，于是召见李白，然而李白已经卧倒于酒席之中了。当把李白召进宫后，便以水洒于纸面中，即刻持笔，写下十多首诗，皇帝颇为高兴。李白曾试过沉醉于皇殿中，吸引高力士帮他脱鞋，因此被赶走。于是李白浪迹于江水中，每天沉迷于喝酒。

这件作品是1997年庄稼为香港金城银行所做，李白仰头望月，神游太虚，思接千古。在石湾，有很多艺人创作过类似题材，大多将酒后的李白表现得烂醉如泥，而庄稼则着力表现的是李白酒后的清醒，正所谓："举世皆浊我独清，众人皆醉我独醒。"据史书记载，李白气宇轩昂，资质不凡，有仙风道骨，可与神游八极之表。为了表现李白的非凡仪表，作品所用的线条刚健有力，豪放俊迈，清新飘逸。庄稼曾说，治陶如写诗，不过不是用笔，而是用泥，从这个意义上说，他为我们创造了一篇既严谨，又飘逸的诗篇。

文姬归汉（1997年）

汉代才女蔡文姬，在汉末战乱中被掳匈奴，为左贤王妻。曹操平定中原，因蔡文姬为故友蔡伯喈之女，又有修史才能，故派使者董祀、周近前往迎归。时左贤王已死，匈奴王慑于曹操军威，同意放归，唯坚持匈奴习俗，子女不得随往。文姬爱子女情深，不忍独返，欲与子女同归。周近以军威相胁匈奴王，反激匈奴王怒，几成僵局。董祀有理有节，文姬深明大义，忍痛离别子女独归。文姬归汉，途中作《胡笳十八拍》以抒悲怀。周近见曹操复命，反诬董祀有失大国尊严，对匈奴卑躬屈膝。曹操片面听信，欲罪董祀。文姬面见曹操，陈述原委，为董祀辩罪，并奏《胡笳十八拍》，痛述战乱忧民之悲，求两地和好。终得曹操明鉴，中原匈奴立约求好相处，董祀无罪，并赐婚与文姬成亲。

《文姬归汉》创作于1997年，暗喻了香港回归人们欢欣鼓舞的盛况。作品以香港的紫荆花图案装饰文姬的披肩，马身上挂有牛头图案的水壶，以代表香港回归这之年是牛年。作品对文姬的面部表情，尤值称道，是一种悲喜交加的情感，对这种复杂感情极有分寸的把握与表现，平中见奇，体现了作者非凡的功力。

春江花月夜（2005年）

《春江花月夜》为中国唐代诗人张若虚所著，描绘春天夜晚江畔的景色，词句优美，被称为是“孤篇盖全唐”的杰作，闻一多称之为：“这是诗中的诗，顶峰上的顶峰。”诗人将这些屡见不鲜的传统题材，注入了新的含义，融诗情、画意、哲理为一体，诗人将深邃美丽的艺术世界特意隐藏在惝恍迷离的艺术氛围之中，整首诗篇仿佛笼罩在一片空灵而迷茫的月色里，吸引着你去探寻美的真谛。

《春江花月夜》是庄稼的最后一件作品，他创作了一位优雅娴静的东方仕女，手抱琵琶月下独奏，手艺精美细腻，意境空灵。“江畔何人初见月，江月何年初照人？人生代代无穷已，江月年年望相似。”作品中透露出庄稼对美好的无限向往，对人生的终极思考。

《大寨红花遍地开》（1989年）

《苗女》（1962年）

《毛主席立像》
（1973年）

《丝绸之路》（1974年）

《风雪巡逻》（1973年）

《圣母玛丽亚》（1979年）

《柔情》（1985年）

《八大山人——朱耷》（1982年）

《杜甫入梓州》（1984年）

附录一

庄稼艺术活动年表

1931年　出生于广东省普宁县。

1948年　毕业于普宁师范学校。

1949年　参加华南文工团，从事部队美术活动及舞台美术工作。

1951年—1953年　在广东省云浮、罗定参加土地改革运动和宣传工作。

1953年　在石湾陶瓷雕刻工场创作室工作。陶塑处女作《喂鸽》刊登于《长江文艺》封面及《华南美术作品选集》。

1954年　作品《七仙女》参加莫斯科“世界青年美术作品展览”。

1957年　加入中国美术家协会广东分会。列席全国第一次工艺美术创作设计人员代表大会。

1962年　首篇论文《宜起不宜止，宜藏不宜露》发表于《美术》杂志1962年第3期，后收入上海人民美术出版社出版的《形象的探索》一书。

1960年—1963年 受聘为广州美术学院校外教师，讲授陶瓷雕塑课。

1963年 在石湾美术陶瓷厂任创作室主任。

1965年 1月，随中国美术家代表团访问匈牙利。被评为佛山市文化卫生先进工作者。

1967年 应中央美术学院邀请，为缅甸留学生讲授陶瓷雕塑课。

1972年 作品《试针》参加新中国成立23周年全国工艺美展，并被评为优秀作品，先后在《人民画报》《人民日报》《文汇报》等多种报刊发表。

1973年 雕塑柬埔寨西哈努克亲王订制的民族统一阵线战士形象。《丰收在望》《风雪巡逻》等作品刊登于《人民画报》1973年第10期，并入选中国工艺展览会，赴澳大利亚、新西兰展出。澳大利亚杂志以整版篇幅登载了《丰收在望》。

1977年 到北京参加毛主席纪念堂陶瓷花版设计和制作。

1978年 参加中国陶瓷专家代表团访问澳大利亚，并在堪培拉、悉尼、墨尔本等地三所高等美术及工业院校作陶艺技术讲座。

1979年　出席全国第二次工艺美术创作设计人员代表大会。加入中国工艺美术学会。10月，随广东陶瓷专家小组参加香港大学冯平山博物馆举办的石湾陶展学术活动，并在香港大学作陶艺技术讲演，参展新作《桂酒献擎天》刊载于《石湾陶展》专集扉页。

1980年　成为中国美术家协会会员，广东省轻工厅授予工艺美术师职称。作品《银针传深情》刊登于《朝鲜画报》1980年第3期，作品《三个小天使》获广东省旅游工艺品评比一等奖。

1981年　赴香港参加石湾古今陶展工作，以作品40多件参加展出，当地报刊先后发表《庄稼的陶塑艺术》等4篇介绍文章。

1982年　应邀赴江西陶瓷学院，参加该院1982届毕业生毕业论文答辩工作。

1983年　任石湾美术陶瓷厂副厂长，佛山市文联副主席，中国美术家协会广东分会佛山支会副主席。作品《弃官寻母》《葫芦仙》参加全国陶瓷质量评比，获优胜奖，为石湾陶塑人物产品荣获国家第六次产品质量金质奖的基础作品。论文《着眼于新——浅论工艺美术创作的重要性》发表于《广东工艺》1983年第1期。10月，"庄稼陶瓷雕塑展览"在广州的广东民间工艺馆举办，展品120多件。被评为1983年度佛山市优秀设计人员。

1984年　当选为中国美术学会民间艺术委员会委员。6月，随广东陶瓷专家小组赴日本访问。10月，陶塑《贞观之治——唐太宗》入选庆祝新中国成立35周年举办的第六届全国美展，被评为优秀作品，后由中国美术馆收藏。作品《李白醉草吓蛮书》获省工艺美术年会优秀作品奖。12月，《庄稼陶塑选》由广东岭南美术出版社出版。

1985年　7月，应澳门文化厅邀请参加广东刘传作品展览活动。作品《弃官寻母》《八大山人》参加日本筑波博览会，作品《钟馗嫁妹》参加北京、亚太博览会。作品《诗圣杜甫》被评为广东省轻工新产品一等奖。论文《勇于开拓，大胆创新——浅论如何开创工艺美术生产新局面》获1985年广东工艺学会年会优秀论文奖。

1986年 7月，到澳门参加大型石湾陶瓷艺术（包括本人作品在内）展销活动。11月，在广东省人民政府召开的全省第三届工艺美术创作设计专业人员代表大会上，被广东省人民政府授予“广东省工艺美术大师”称号。作品《簪花仕女》参加广东1986年市、地优秀作品调展。作品《与君同寿》《诗圣杜甫》被评为第三届全省工艺美术代表会优秀作品。作品《诗圣杜甫》在全国陶瓷创作设计评比会上获二等奖。

1987年 5月，参加佛山陶瓷集团公司考察团，到美国夏威夷、加州、三藩市等地考察。10月随广东省工艺美术学会工艺家代表团到加拿大多伦多、温哥华等城市，参加广东省工艺美术展销会各项艺术活动。作品《孔明》《弃官寻母》《诗圣杜甫》入选北京1987年全国工艺美术展览，其中《弃官寻母》《诗圣杜甫》被评为“中国工艺珍品”，并由中国工艺美术馆收藏。

1988年 4月，出席全国工艺美术创作设计人员代表大会，经中国工艺美术大师评审委员会审定，由中华人民共和国轻工部授予“中国工艺美术大师”荣誉称号。10月，随中国美术家陶艺家代表团出访日本。11月，应香港国际文化促进中心邀请出席有世界各地华人，包括中国两岸陶艺家参加的“中国现代陶艺及传统陶艺研讨会”，并在会上宣读论文《石湾陶器艺术的历史成就和发展方向》。12月，应邀到新加坡参加大型石湾陶展艺术活动。

1989年 5月，被选为广东省佛山市美协支会主席。11月，与爱子庄阳合作的作品《汉武帝》获中国工艺美术百花奖二等奖，后被评为“中国工艺美术珍品”，并由中国工艺美术馆收藏。4月，经广东省工艺美术高级职务评审委员会评定，佛山市科学技术局核准，晋升为高级工艺美术师。

1990年　5月，由澳门文化厅举办、在澳门市政厅展出庄稼、刘泽棉、廖洪标三人作品联展。6月，应澳大利亚汤姆先生邀请到悉尼、墨尔本等四大城市参加大型石湾陶艺展销等艺术活动。8月，作品《咏鹅诗》获中国工艺美术品百花奖优秀新产品二等奖。9月，由中国美术馆收藏的作品《贞观之治一唐太宗》在1990年北京第十一届亚运会艺术节中，参加“中国现代雕塑艺术展”。10月，被聘为江西景德镇1990年全国陶瓷艺术设计创作评比会和1990年“瓷都景德杯”国际陶瓷精品大奖赛评审专家。11月，获岭南美术出版社《周末画报》“当代风流”荣誉奖。

1991年　7月，办离休手续，受聘任佛山石湾美术陶瓷厂艺术顾问、高级工艺美术师，从事陶瓷艺术创作设计工作。9月，随中国陶瓷协会代表团，出席香港中艺公司举办的“中国陶瓷艺术大师一九九零获奖作品展”开幕式。庄稼参展作品有:《簪花仕女》《升平乐》《钟馗嫁妹》《丰收在望》《杜甫》等。11月，随石湾美术厂同仁，出席香港裕华国货公司举办的“石湾名师人物陶艺展销会”开幕式，个人参展作品有《坐莲观音》《升平乐》等。

1992年　5月，庄稼从艺简介被编入龚继先主编、上海人民美术出版社出版的《中国当代美术家人名录》。6月，完成在艺术造型上有新进展的单件原作《巍冠观音》。

1993年　3月，创办陶花源陶艺研究室。5月，完成难度较高的单腿站立《芭蕾之诗》作品的创作、试制和投产工作。10月，与香港中艺公司签订作品《南海慈航赐福万家》的专利合同，并进行投产工作。

1994年　1月，应香港中艺公司邀请，偕夫人关健儿参加由该公司举办的《南海慈航赐福万家》的首发式和作品收藏证书签名仪式。庄稼从艺简介被编入由北京大学中国名人丛书编委会及中国当代文艺名人辞典编委会编辑、学苑出版社出版的《中国当代文艺名人辞典》。2月，广东美术家丛书之《庄稼》，由广东省美术家丛书编委会编辑，岭南美术出版社出版。第一版共印3000册。5月，庄稼从艺简介被编入中国轻工出版社出版的《中国当代陶瓷美术家辞典》。6月，庄稼从艺简介编入由韩本学任总编、广东人民出版社出版的《广东高级专家大辞典》和《中国专家大辞典》。由收藏家选送的庄稼作品《常胜将军赵子龙》参加美国旧金山中华文化中心举办的“旧金山石湾陶展”，并发表于会刊中。7月，庄稼从艺简介被编入由陈旗梅、何芷编著，当代中国出版社出版的《当代中国工艺美术群星谱》。12月，应邀偕夫人关健儿参加香港中艺公司举办的专利作品《释迦牟尼》首发式和作品收藏证书签名仪式。

1995年 3月，庄稼从艺简介被编入由一墨（袁予）主编，深圳一墨创作设计中心策划，大世界出版公司出版的《世界华人艺术家博览大典》。5月，中国《雕塑》杂志发表“中国当代雕塑家作品选——庄稼作品”有:《诗圣杜甫》《贞观之治——唐太宗》《钟馗嫁妹》《与君同寿》。11月，应香港中艺公司邀请偕夫人关健儿参加该公司举办的专利作品《成果罗汉》首发式和作品收藏证书签名仪式。12月，作品《诗圣杜甫》被编入由梁任生主编、安徽教育出版社出版发行的画集《中国当代陶塑精品选》。应佛山市人民政府和佛山旅游局邀请，为赠送新成立的香港金城银行创作大型陶塑《醉李白》。

1996年 1月，佛山电视台到陶花源陶艺研究室摄制庄稼从艺电视片《情铸陶艺》。2月9日，佛山电视台“城市纪实”节目中播出《情铸陶艺》。7月9日，广东卫视开播第二天，在“南粤大地”节目中，转播《情铸陶艺》。11月，庄稼从艺简介被编入由薛汕、蔡俊举编著，香港当代文艺出版社出版发行的《潮汕百科全书》。12月13日，庄稼向佛山市博物馆捐赠近作、原作和精品共25件，由佛山市文化局主持捐赠仪式，并在该馆展出。12月初，中央电视台记者周兵、刘洪波到陶花源陶艺研究室拍摄《东方时空——东方之子》电视节目。为根雕艺术家罗若萍撰写画集《罗若萍根艺》序言《根艺飘香》。

1997年 2月，应邀到东莞参加《中国现代美术全集·工艺美术陶瓷雕塑篇》编写会议，并为陶瓷雕塑分集撰写专论《二十世纪的中国陶瓷雕塑》。3月27日，中央电视台在一台、二台、三台及国际台，播出《东方时空——东方之子：中国工艺美术大师庄稼》。5月19日，佛山电视台“城市纪实”节目播出庄稼为迎接香港回归创作专题作品的电视《庄稼与〈文姬归汉〉》。6月，应中国轻工总公司邀请，赴北京出席第四届中国工艺大师评委会，参加评选工作。10月，原作《皆大欢喜》和现代陶艺《挺》，参加在上海展出的“中国首届现代陶艺展览”，并被聘为该展览会的艺术总顾问。

1998年 9月，中央工艺美术学院名誉院长张仃题签，高永坚教授作序的大型精装画集《庄稼陶塑选集》由广东岭南美术出版社出版并发行。“庄稼陶瓷艺术展览”在广东美术馆展出。《贞观之治——唐太宗》等6件作品捐赠给佛山市石景宜刘紫英伉俪艺术馆收藏。《贞观之治——唐太宗》等6件作品捐赠给广东民间工艺博物馆收藏。

1999年 作品《升平乐》被中国工艺美术馆评为“中国工艺美术珍品”。“庄稼陶瓷艺术展览”在广东省普宁市开幕，展出作品41件，全部捐赠普宁文化艺术馆收藏。《塔吉克姑娘》等6件作品捐赠给佛山市石景宜刘紫英伉俪艺术馆收藏。《贞观之治——唐太宗》等4件作品捐赠给广东美术馆收藏。《庄稼陶塑选集》由潮汕文化历史文化研究中心名人档案库收藏。

2000年 《新时期中国艺术家庄稼》明信片首发式在佛山举行。庄稼的作品及主要艺术成就被《人民画报》《中华翰墨名家作品博览》(世纪珍藏版)大型图书数据库收录。

2001年 “中国工艺美术大师庄稼回顾展”在广州艺术博物馆举行，并向广州艺术博物馆捐赠43件(套)作品。

2002年 作品《孔明》及与爱子庄阳合作的《升平乐》入选世纪收藏工程，由中国国家博物馆收藏。论文《宜起不宜止，宜藏不宜露》获国家第15个五年计划“西部经济社会文化协调发展学术研讨会”论文一等奖。受聘为佛山市石湾陶瓷行业协会顾问。庄稼的业绩传略入选“中国世纪英才业绩与论著征集活动”，并被载入《中国世纪英才荟萃》。作品《史湘云》《昭君出塞》入选第三届中国工艺美术大师作品暨国际艺术精品博览会中心展区。

2003年 向广东省博物馆捐赠毛主席立像等作品3件。作品《贞观之治—唐太宗》等22件作品由广东石湾陶瓷博物馆收藏。由佛山市集邮公司等单位联合出版和发行的庄稼作品邮票12枚问世。获普宁市最高奖项“铁山兰花奖”。获佛山文联颁发的最高奖励——工艺美术成就奖。获中国工艺美术学会、中国民间艺术委员会颁发的最高奖项——突出贡献奖。中国陶瓷协会授予庄稼“中国陶瓷艺术大师”荣誉称号。受聘中国区域经济发展研究院西南分院特邀研究员。

2004年 “《无限风光》毛主席立像首发式暨作品精选展”在广东工艺珍品馆开幕，并发行纪念毛主席诞辰110周年纪念像110件。作品《无限风光》等5件作品被广东省博物馆永久收藏。作品《无限风光》被佛山市石景宜刘紫英伉俪艺术馆收藏。作品《四大美人》一套被广州艺术博物馆收藏。参与“走向新世纪·当代华人艺术家千年之烧”活动，创作《诗圣杜甫》，由广东石湾陶瓷博物馆收藏。受聘为佛山市石湾陶艺收藏家协会第二届艺术顾问。论文《宜起不宜止，宜藏不宜露》《二十世纪的中国陶瓷雕塑》在《中国经济》杂志社主办的建国55周年优秀论文获奖文库中荣获特等奖，并载入《建国五十五周年优秀论文获奖文库》。

2006年 6月，作品《诗圣杜甫》《孔明》《塔吉克姑娘》《春江花月夜》《文成公主》入选中国美术馆陶瓷艺术邀请展。其中，《诗圣杜甫》《塔吉克姑娘》《春江花月夜》《孔明》被中国美术馆永久收藏。12月3日，走完人生的最后旅程。

1964年，随中国美术家代表团访问波兰

1973年，雕塑西哈努克亲王订制的战士像

1965年，随中国美术家代表团访问匈牙利

1978年，与澳大利亚雷德陶家协会主席米尔顿 牧恩合照（前者为庄稼）

1979年，庄稼在工作室和来访的粤剧名演员罗品超、文觉非、林小群亲切交谈

1983年，在广东民间工艺馆举办庄稼陶塑作品展览

1987年，庄稼在美国加州世界陶展会上

1949年参军的四位同学合照（左起：庄稼、国画家王春潮、原广州外国语学院党委书记庄明英、原广州检察院办公室主任庄礼军）

1991年在周末创刊十周年颁奖会上

普宁市庄稼陶艺作品陈列厅

1987年随广东省工艺美术学会工艺家代表团出访加拿大

1991年1月在香港举办《南海慈航赐福万家》首发式

与文艺家在一起（左一为罗家宝，右一为任流，左中为潘鹤）

2000年10月举办“新时期中国艺术家”明信片首发式

2001年12月在广州艺术博物馆（左为省美术家协会主席林墉，右为中国工艺美术大师曾良）

2003年10月18日普宁市政府颁发“铁山兰花奖”

附录二

庄阳陶塑作品

庄稼与庄阳在工作室

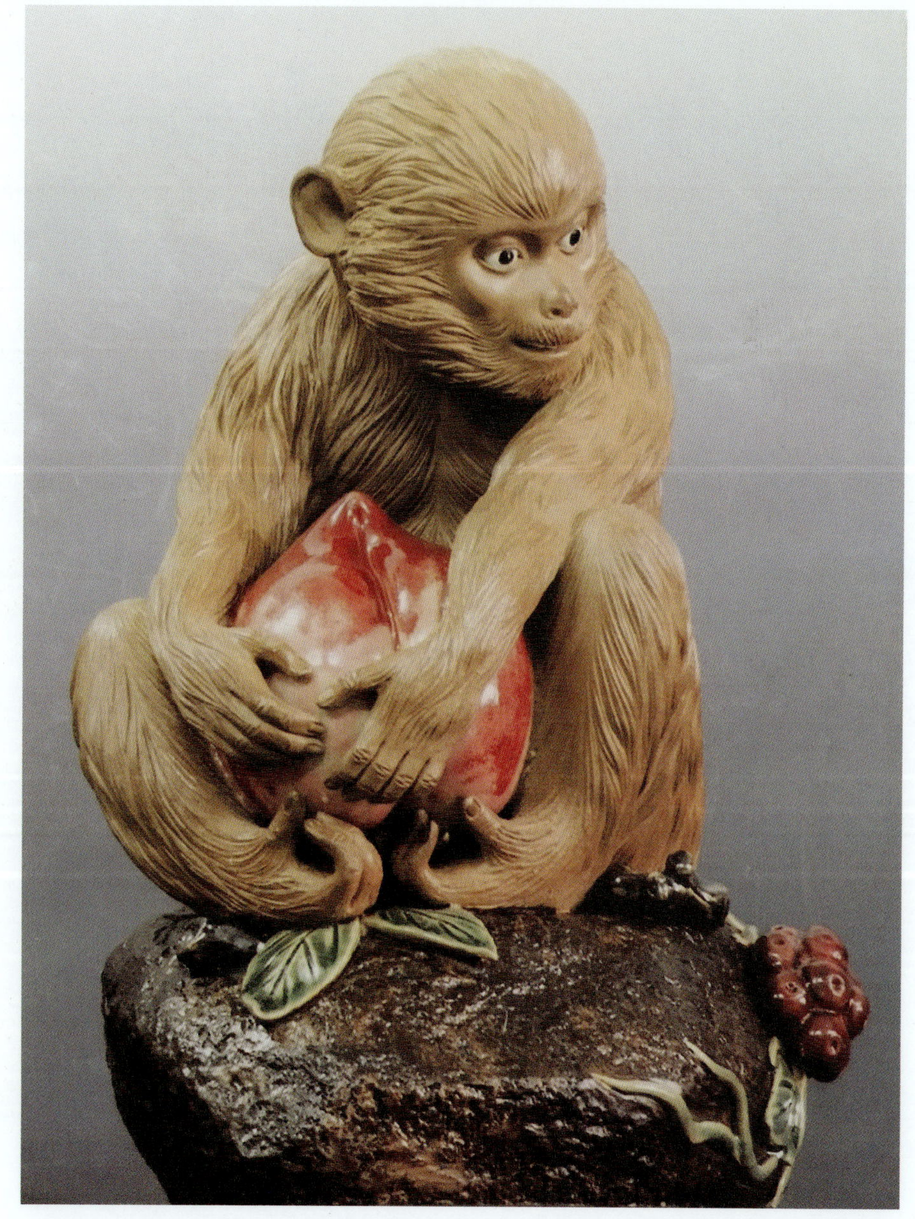

美猴王（2015年）

《希望》（2015年）

《岭南诗祖——张九龄》（2012年）

《妙韵传奇》（2014年）

《醉乐钟馗》（2012年）

《澳门妈祖》（2011年）

《济公》（1998年）

《钟馗庆功》（1997年）

《乐叔与虾仔》（1987年）

《斗鸡》（1984年）

《醉拐李》（1983年）

《爱神》（1982年）

《金鸡报喜》（2016）

刘后丰碑颂稼翁

——中国工艺美术大师庄稼其艺其风

王炜堃　王浩然

石湾公仔塑人塑物独步于世，以其泥、釉、火糅合的独特魅力，在中国陶瓷史和艺术史上有着重要地位。石湾陶艺自明清以来，名家辈出、风格各异、流派纷呈、珍品无数。

欣赏石湾公仔，“生动传神”是唯一评价标准。谓“神”者，不仅是神态，不止是神韵，更是透过作品表达作者的精神。从来抒发小情小趣者多而易，寄托大神大韵者少且难，作品的高低便是作者的深浅。

中国传统文化极其悠远而深厚，典故传说俯拾皆是，这就是天然的陶塑题材。陶艺与传统文化相结合，可谓如鱼得水，亦是大势所趋。但对于绝大多数作者而言，见山是山，见水是水，山水相融则无能为力矣。陶艺作者个人文化修养的普遍不足，以及经济效益对艺术的影响，使得传统文化和陶艺创作之间，犹如矗立着柏林墙一样的障碍，难以融合。

工艺品，抑或艺术品？摆在石湾公仔面前的是一道选择题。

幸而，石湾有庄稼。

陶塑师承造化工，清新脱俗妙无穷。
文姬欣遇回归日，诗圣忧怀怨朔风。
彭祖太宗传世品，慈萱孝子动人容。
精研艺论开端肇，刘后丰碑颂稼翁。

此诗为笔者王炜堃在参观庄稼工作室后，深为赞叹后所作；不知深浅者以为言过其实，眼光独到者则深以为然——凡大师者，皆以作品论。观庄稼大师传世佳作，既如明前龙井，清新脱俗；又似陈年普洱，越品越香。工艺精湛，构思绝妙，借物喻情，多蕴深意，使人越读越深，甘之如饴，穷思领悟，醍醐灌顶，畅快淋漓——石湾艺坛，至今有如此境界与成就者，屈指可数。

因而传世佳品，至今仍令人百看不厌，津津乐道。

《文姬归汉》：这件作品为庆祝香港回归而创作，表达蔡文姬离开匈奴亲人，回归汉室整理文籍的典故。人的回头凝望与马的踟蹰不前，既符合历史事实地表达了人物不舍、矛盾、复杂的心情，又反映了当时香港各阶层对回归祖国的社会思潮。归与不归，民族大我与个体小我，前途未卜，内心惶惑，展现得维妙维肖，入木三分。文姬的内心世界完全通过神态与动作体现，将作者的意图转达给欣赏者，并借喻当年时事，可谓精彩绝伦。作品中又隐含四蹄踏雪、牛首纹饰等象征意义，进一步丰富了题材。观此作，越沉思，越知历史，越明今日，一乐也。

《鸟语》：以孔子学生公长冶懂鸟语为题材，塑造了人与鸟对话的一刻。作品衣纹不借助任何工具，纯粹以手指拿捏，老辣精到，不拘一格。更难能可贵的是，作品寄喻的双重主题，于今仍有积极意义。其一是人与鸟交往得利而强调的诚信；其二是人与鸟（自然）和谐相处，呼唤环保意识——即使在十多年后的今天，这两个依然是社会所关注的热点问题。而且这两点分别体现了儒家的"守信"精神和道家的"天人合一"精神，在一件陶塑作品中和谐统一，堪称绝无仅有。

《八大山人》：塑造了明朝宗室遗裔八大山人朱耷。其绝妙之处在于，一人一鸟，似坐非坐，似卧非卧，坐卧不安，不得其位，极不舒展；一如主人公的传世画作特征，鸟类或拉长身子，或紧缩一团，似不稳当，似无所立足——反映了人物内心的悲惶、紧张、忧郁，表达得恰到好处。作品又可引人反思，亡国遗民，竟无立锥之地；只有富国强兵，才可安居乐业。

《贞观之治——唐太宗》：即使在世界范围内，唐太宗也绝对能够跻身前列的英明君主。人物挺拔、魁梧、饱满，展现出帝王气度，又俯首沉思治国安邦之道，眉目传情，英明、睿智、决断、从容，简直如真人再现，令人拍案叫绝。唐太宗对内有贞观之治，对外则为域外尊称"天可汗"，这里又寄托了作者对国家发展的美好期盼。

《孔明》：诸葛亮是中国传统文化中的智慧化身，也是忠诚、鞠躬尽瘁的代名词。作品塑造的诸葛亮，气度不凡，有文士的优雅；胸有成竹，有军师的聪慧；从容淡定，有丞相的睿智。舌战群儒、草船借箭、安居平五路、八阵图、七擒七纵等时刻呼之欲出，引人遐想。

《诗圣杜甫》：杜甫是伟大的现实主义爱国诗人，所谓

“国家不幸诗家幸”，在“艰难苦恨繁霜鬓”“人事音书漫寂寥”之中，依然坚守“安得广厦千万间，大庇天下寒士俱欢颜”的理想，即使“烽火连三月”“五更鼓角声悲壮”，仍然为“剑外忽传收蓟北”而兴奋难耐。这样一个诗风雄浑沉郁，平生不得志而又心系家国的人，庄稼通过面相刻画、衣纹动态处理以及高昂不屈的头部，使这件作品先声夺人，成为了陶塑界的一个标杆，实属难得。

《醉李白》：太白醉酒的题材，常常出现在石湾陶塑作品之中。难能可贵的庄稼重造此题材，却不落俗套，不似其他陶艺家的醉。他人之醉，是醉同烂泥，人事不省，酣然入梦，睡仍恋盏，更类“醉鬼”；庄稼的这件太白醉，似醉还醒，昂首望天，醉中依然保持主人公的本色，一种“天子呼来不上船”的风骨，一种“安能摧眉折腰事权贵”的气度，一种“千金散尽还复来”的潇洒，俨然醉仙。

《四大美人》：四大美人也是石湾陶塑中比较常见的题材。庄稼的这套四大美人，结构精准匀称，身材高挑，体态妖娆，面相美艳，衣着素雅恬淡，形象十分讨喜。而除此之外，别出心裁地把“外在美”提升到“内在美”，赋予人物更大更高的情怀——爱国。貂蝉拜月，是忧国忧民；昭君出塞，是舍身平息干戈……立意之高，构图点题之妙，又是另一种全新的境界。

庄稼对作品的取名，也大多体现出其深厚的文化功底和巧妙的构思，往往起到画龙点睛的作用。有《与君同寿》，彭祖向观众的手势比划，有祝寿之意，诙谐有趣；《弃官寻母》，提倡了孝道，感人至深；《升平乐》，以天下无鬼，钟馗乐而起舞，借喻当今的太平盛世；《芭蕾之诗》突破了材料的限制，使厚重的陶泥平添了几分飘逸灵动，又融合了西方雕塑手法，可谓陶塑创新的先行者……此类作品不胜枚举，件件匠心独到。

庄稼之所以是大师，除了有大量佳作传世，笔者认为另外同样重要的一点，就是拥有高尚的品格。体现有三。

其一，尊师重道，感恩终生。师徒互补的佳话：师父负责传授陶塑技艺，徒弟帮助师父提高文化素质，名为师徒，实则亦师亦友。而终庄稼一生，对恩师刘传大师一直毕恭毕敬，无论公开场合还是私下，由衷敬重，溢于言表。

其二，虚怀若谷，从善如流。庄稼大师喜欢与人交流，进行艺术或文化的探讨，并虚心接受藏家提出的建议。有一次，藏家王炜堃对其作品《陆羽品茶》提出一些局部修改建议，作品本已制作好石膏模具，庄稼便命人打碎石膏模，不计成本，重新创作。追求作品的尽善尽美，竟至于斯，这等举措于今几近绝迹。

其三，慷慨捐赠，淡泊金钱。庄稼捐赠的作品，可称石湾陶艺家第一。国内外各级博物馆、艺术馆，但凡上门求捐，庄稼皆欣然捐赠，所捐作品也多为精品。大师胸襟气度，由此可见一斑。

大师辞世至今有十年，借苏轼句“十年生死两茫茫，不思量，自难忘”。其实大师并未远去，其艺其风，注定在石湾陶艺史上抹下浓重的一笔，永不消逝。他是一个文化符号，为石湾陶艺注入文化内涵；他是一个先行者，探索出文化和陶塑的融合之道；而这些，必将成为石湾陶塑的核心价值，成为石湾公仔走向世界的根基。